戦後新聞広告図鑑

戦後が見える
昭和が見える

はじめに

ぼくはすでに、明治・大正・昭和の戦前までの新聞広告をテーマとした本を出しているのですが、今回取り上げているのは戦後の新聞広告です。

戦局が悪化した時代の、プロパガンダ的要素の強いものから、戦後の広告は一変して自由になります。さらに、物質的な豊かさの急激な広がりに伴って、めまぐるしい変化を遂げていきます。

新聞広告に関していうと、身近な生活必需品に関するものから、より多様な商品へと広がりを見せます。なかでも昭和三十年代は、新聞広告にたいへん活気があった時代です。高度経済成長期に入り、家電製品の「三種の神器」に象徴されるような、生活をより便利にする新製品が続々と世に送り出されるようになると、人々の購買意欲に火がつく。そこで、最も身近な情報源として注目されたのが、新聞広告だったのです。

本書では、終戦翌日から昭和四十年ごろの広告について、特筆すべきものには解説を入れながら、幅広い年代の方々にわかりやすく、親しみやすい内容となるよう心がけました。昭和二十年八月十五日、つまり終戦の日から数ヵ月の間に登場した広告は、当時の暮らしや時代の空気感といったものを色濃く反映したものが多く、特に興味深いかもしれません。

広告というものは、時代を映す鏡といっても過言じゃありません。それは、新聞、雑誌、テレビ、ＷＥＢなどといったメディアの種類に関わりなく、同じことがいえると思います。

ことに新聞広告は、限られたスペースの中でいかに商品をアピールするかという点において、ほかのさまざまな広告を研究するうえでも参考になるのではないかと思います。また、戦後のまさに〝激動の時代〟を生き抜いてこられた方々にとって、当時の生活を振り返る手がかりとして本書が大いに役立てば、これほどうれしいことはありません。

町田 忍

伊勢丹
ROYAL CROWN COLA
クラウンコーラ
人形をさしあげます
HAS COME!
新学期には先ず駆虫!
洗濯のテキスト
日立電気洗濯機
雪印のおや
新発売

もくじ

編集・構成／吉田　文
顔面ハンコ／廣瀬十四三
カバー・本文デザイン／鹿嶋貴彦

第一章

昭和二十年代の広告

終戦直後の広告

この時期の新聞広告はきわめて少ない。あってもせいぜい数センチほどの小さなもので、時代を反映したものが目につく。

終戦翌日、上野松坂屋が出した広告は、不用品買い受けと、売り家を求めるものだった。八日後にはなんと、鉄兜を鍋に更生する（親切にも木蓋・吊付き！）という広告も。いずれも当時、いかに物資が不足していたかをよく表しているが、右から左へと続く横書きの「上野松坂屋」の文字が、いま見ると、古めかしく、いかめしい感じを与えるなぁと思う。画数がやたらと多い旧字体の漢字が多いのも大きい。

治安維持のためだろう、警視庁が多数採用をうたった警察官募集の広告もある。ちなみにぼくの父は昭和二十三（一九四八）年、シベリア抑留より帰国早々、新聞の求人広告に応募して警察官になった。

そんな父の後を追って、大人になったぼくも警察官になったのだが、警視総監賞までもらいながら（絵画作品で、だが）、惜しまれつつ、一年でやめてしまったのだった。

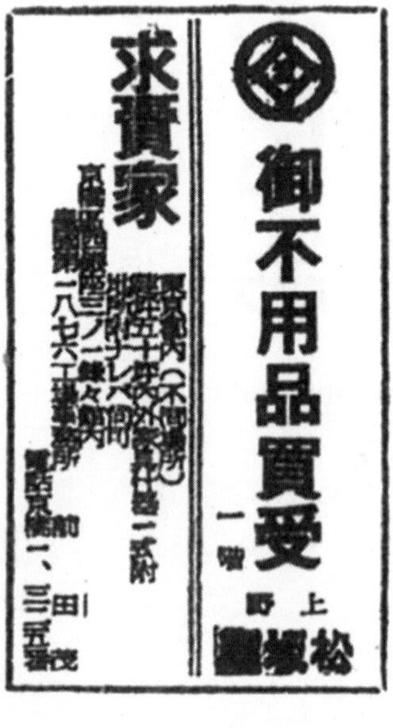

上野松坂屋　昭和20年8月16日（朝日）

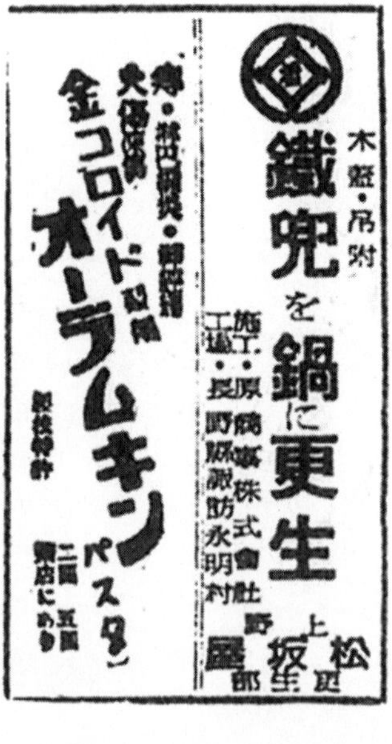

上野松坂屋　昭和20年8月24日（朝日）

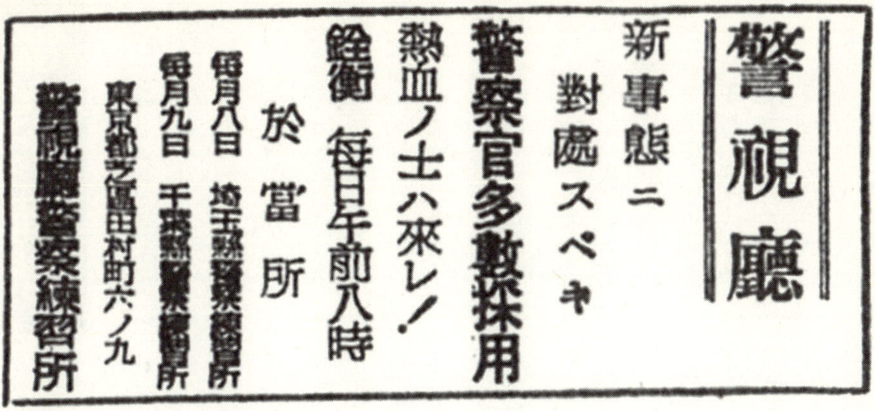
警視廳
新事態ニ
對處スベキ
警察官多數採用
熱血ノ士ハ來レ！
銓衡 毎日午前八時
於當所
毎月八日 埼玉縣警察練習所
毎月九日 千葉縣警察練習所
東京都芝區田村町六ノ九
警視廳警察練習所

警視庁　昭和20年8月22日（朝日）

「熱血ノ士ハ来レ！」の文字が勇ましい警察官募集の広告

ラヂオ
家庭用電氣器具
修理承り
澁谷
東横百貨店

東横百貨店　昭和20年12月10日（朝日）

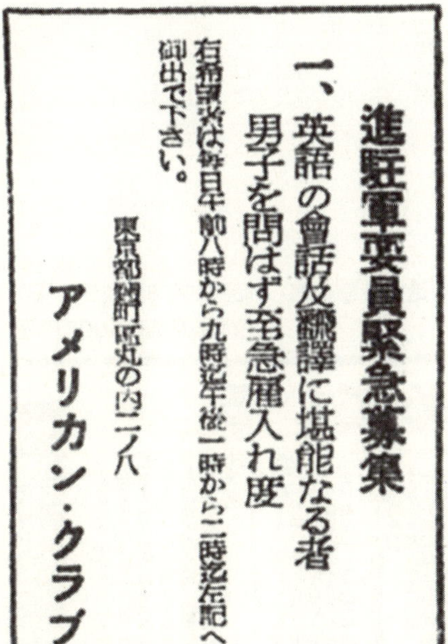
進駐軍要員緊急募集
一、英語の會話及飜譯に堪能なる者
男子を問はず至急雇入れ度
右希望者は毎日午前八時から九時迄午後一時から二時迄左記へ御出で下さい。
東京都麹町區丸の內二ノ八
アメリカン・クラブ

「進駐軍要員緊急募集」（アメリカン・クラブ）
昭和20年12月1日（朝日）

警察予備隊

終戦以降、日本に軍隊はなくなった。
しかし昭和二十五（一九五〇）年に朝鮮戦争が勃発したことから、日本の平和と秩序の維持などを目的に、連合国軍最高司令官・マッカーサーの指示によって、「警察予備隊」なる武装組織が創設された。その後、間もなく出た警察予備隊員募集の広告では、北海道から九州までを四地区に分けた各地区内で受験した合格者が、それぞれの地区内で勤務できるようになっているから、全国的に必要だったのだろう。

三日後の新聞記事によると、警察予備隊のために新たにデザインされた〝スマート〟な制服は、昭和二十三年、東京・豊島区の帝国銀行椎名町支店で発生した毒物殺人事件「帝銀事件」の被告となった平沢貞通の似顔絵を描いた画伯によるものだとか。すごいのか、すごくないのか。
警察予備隊は昭和二十七年、保安隊に改組されるが、これは陸上自衛隊の前身にあたる。昭和二十九年には自衛隊法が施行され、日本の防衛組織として陸・海・空の自衛隊が発足した。

「警察予備隊員募集!!」（国家地方警察本部）　昭和25年8月12日（朝日）
隊員の月給は5000円程

警察予備隊員募集!!
民主日本の平和と秩序を維持し、公共の福祉を保障するため、こんど新たに警察予備隊が新設されることになり、七万五千人の隊員が募集されます。愛する祖国のために、治安の重責を担わんとする心身健全な青年の応募を期待します。
資格…1、満廿才から卅五才までの男子、旧制中学卒程度の知能ある者（新制高校・旧制中学卒業者は満十八才から）2、身長一・五六米以上で健康な者
待遇…1、被服食事支給、宿舎は無料 2、手当月額五千円程度、ただし成績により幹部として採用され、また成績によって幹部に昇進もできます
勤務年限…1、二年 2、満期退職手当六万円程度支給 3、希望により継続勤務が認められます
勤務地…全国を次の四地区に分けて、原則としてその地区で受験した合格者がその地区に勤務することになっております
○北海道、東北地方
○関東地方、新潟、長野、山梨、静岡の各県
○近畿地方、四国地方、富山、石川、福井、岐阜、愛知の各県
○中国地方、九州地方
応募受付…現住地の警察署で毎日（日曜祭日も）午前九時から午後五時まで受付けます 志願票は代人が持参するも可
試験…1、都道府県内数ヵ所で毎日または隔日に実施されます 2、身体検査、簡単な知能考査、人物考査
本はあなたを求めている
募集期日

「警察予備隊員募集」（警察予備隊本部）
昭和27年4月23日（朝日）

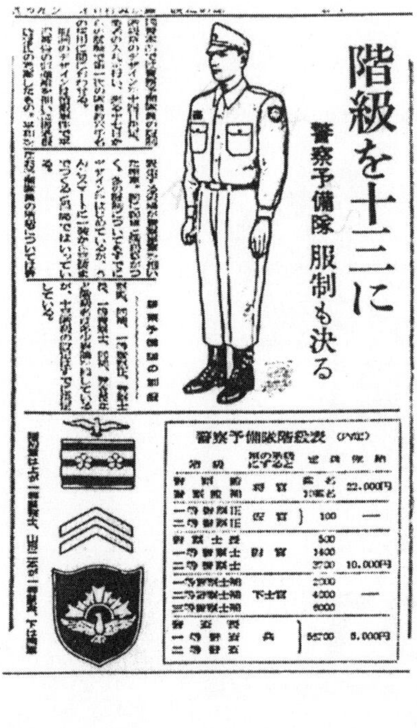
階級を十三に
警察予備隊　服制も決る

警察予備隊階級表

「階級を十三に」
昭和25年8月15日（朝日）
警察予備隊の階級・制服に言及した記事。
海老根駿堂画伯考案のデザイン

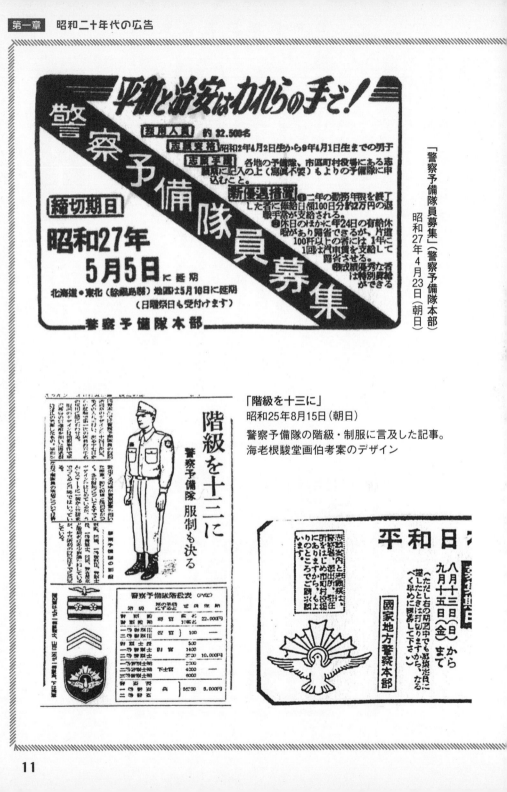

DDT

DDTは、有機塩素系殺虫剤の一つ。白い粉末で、ハエや蚊、シラミなどを殺す特効薬として、第二次世界大戦後半から世界中で使用されるようになった。現在は毒性が指摘されているため、国内では使用が禁止されているが、終戦直後、シラミで媒介する発疹チフスが流行し、東京だけでも患者数が約一万人を数えたときには、学校や職場、町会、病院などで、みな頭から、髪が真っ白になるほど噴霧されていた。

当時は小学校で「DDTの歌」が、振りつきで教えられたりもした。

〽チンチンチフス
発疹チフス
みんな嫌いだ　大嫌い
お閻魔様より
なお嫌い
そこで撒きましょ
DDT　DDT

飛行機による空中散布も昭和三十四（一九五九）年まで行なわれていた。家の周囲で実施されたときのことを、いまでもよく覚えている。各家庭の窓を開け放すよう、指示されたっけ。

害虫の季節
害虫がバイキンを持つて隠れています。今すぐ本品をお撒き下さい。
バイキン
味の素の
強力殺虫剤
液剤
粉剤
DDT

味の素　昭和27年4月18日（朝日）

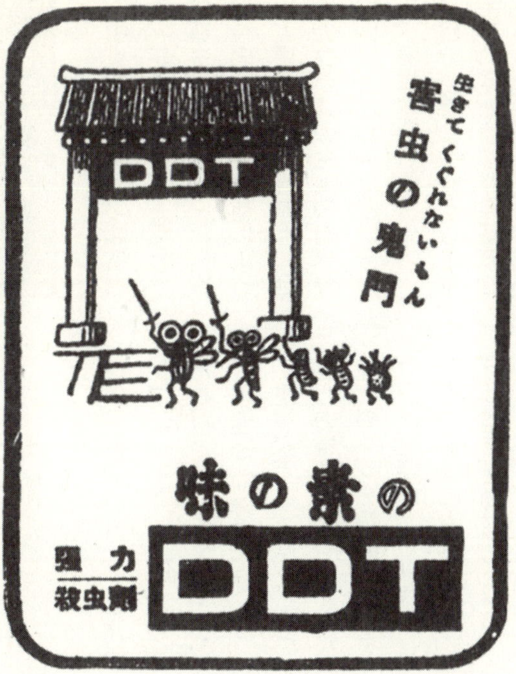

味の素　昭和25年5月14日（朝日）

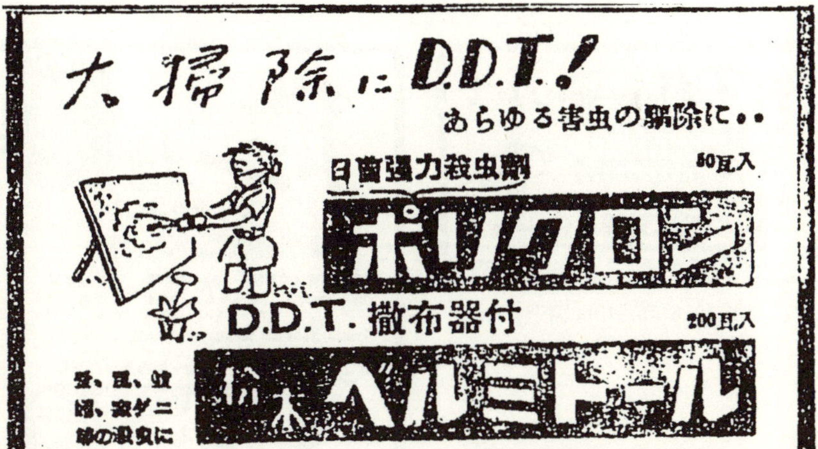

日本曹達　昭和24年5月17日（朝日）

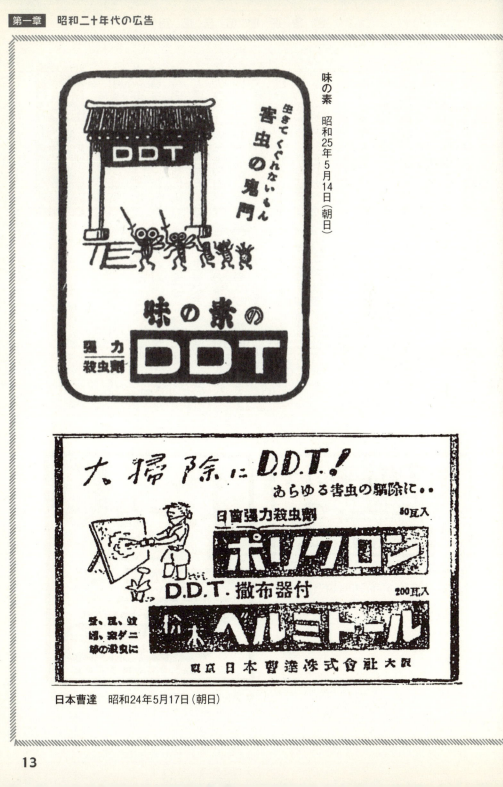

虫くだし

　虫くだしというのは俗称で、正式には駆虫薬とか、殺寄生虫薬とかいうらしい。母校の小学校の資料によると、昭和三十年当時は、ぼくのクラスの生徒の約半分には寄生虫がいたというから、隔世の感がある。

　自分自身の体験として覚えているのは、幼稚園のときのこと。園庭で遊んでいると、お尻の穴がムズムズした。ほどなくして、ズボンの裾から〝うどん〟のような白い虫がポロリと地面に落ちた。その日の朝、虫くだしの薬を飲んでいたからだ。チョコレート味のそれが、実は「アンテルミンチョコレート」という虫くだしだったことを知ったのは、後のことだった。

　小学校では、回虫検査のための検便があった。親が経木のマッチ箱に割り箸でウンチを詰め、子供はそれを紙の封筒に入れて持って行った。その日の教室は、そこはかとなく……いや、はっきりと、それらのにおいがしたものだ。

　その後、検査は「ポキール」という、透明のテープ状のものを肛門に貼って、ぎょう虫の卵の有無を調べる方法に変わっていった。

マクニン　昭和25年5月13日（朝日）

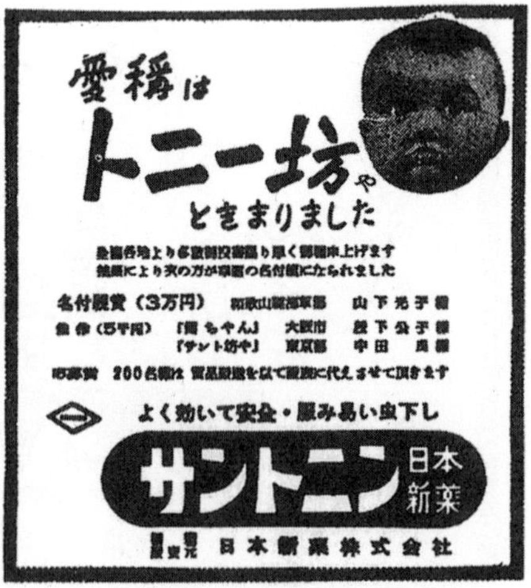

サントニン　昭和28年2月3日（朝日）

新学期には先づ駆虫！
一匹の回虫で一命を失う事もあり、学業低下は虫のせいが多い。今こそ駆虫の好機、色々のんでも虫の出なかつた人がアスキスをのむと沢山の虫が出てビックリされますが、殊に回虫だけでなく、顔色青く命とりといわれる十二指腸虫も、お尻がかゆく、幼児の夜泣きの原因となるぎよう虫も同時にとれるので好評！副作用がなくて安全で各大学採用。
回虫・十二指腸虫・ぎよう虫が同時にとれる
虫くだし
家庭の犬・猫には動物用アスキス
仔犬は百%胎内から虫を持つて生れます。生後二十日から安全に駆虫出来るのは「動物用アスキス」に限ります。完全に駆虫すればヂステンパーも軽くすみます。
仔犬用百円　成犬用三百円
アスキス
東京北品川六 ナガ製薬株式会社 本社へ直接〒不要・振替東京90853
錠剤・液剤とも百円・幼児や錠がのみ込めない子供には液剤がよい

アスキス　昭和29年3月12日（毎日）
人間用と一緒に動物用の広告も掲載

三虫を同時にとる！
――のがアスキスの特長です。従つて、ほかの回虫だけの駆虫薬とちがい命とりの十二指腸虫も、子供の夜泣き、肛門のカユイぎよう虫も同時にキレイにとる科学薬です。
回虫・十二指腸虫・ぎよう虫が同時にとれる
NAGA
アスキス
東京・大阪・福岡
ナガ製薬株式会社
錠剤大人・一〇〇円
液剤幼児・一〇〇円
犬猫には動物用アスキスを
虫くだし

アスキス　昭和28年2月5日（朝日）

デパート

　ぼくが思うに、昭和四十年代ごろまでのデパートには、まるでレジャー施設のような活気があった。昭和二十五年生まれのぼくと同年代の人なら、「うんうん」とうなずいてくれる人も多いんじゃないだろうか。

　かつてデパートに行くということは、特別な意味を持っていた。ボーナスの時期やクリスマスなど、年に数回のいわば〝ハレ〟の日の行事だったのだ。親が盛装するのはもちろん、子供も七五三で着るような、よそいきの服を着せられた。大食堂でお子様ランチを食べた後、屋上の遊園地で遊ぶというコースだ。豆列車や小さな観覧車など、いろいろな遊具には、胸を躍らせた。ついでに言うと、わが家のなじみは渋谷駅東口の東横デパート（正式には東急百貨店東横店）だった。

　昭和二十年代のデパートの新聞広告を見ると、生活用品のものが多く、どれもイラストや字体が、なんともしゃれている。最近は、せいぜい催事物の広告が載る程度で、大体は折り込みチラシになっているのが、ちょっと寂しい。

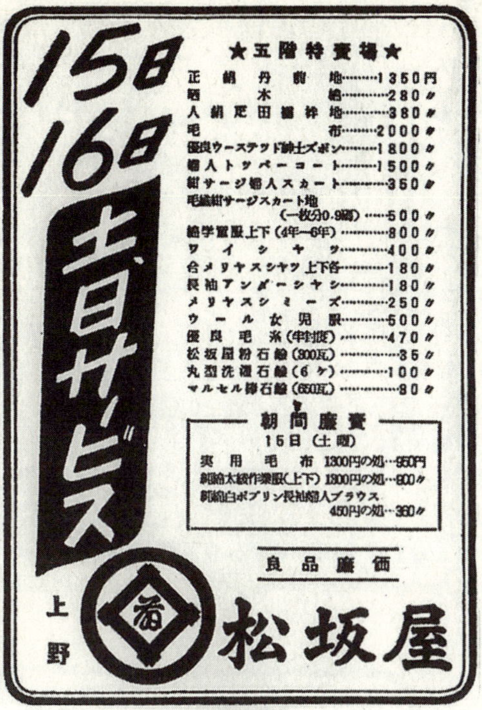

松坂屋　昭和26年9月15日(朝日)

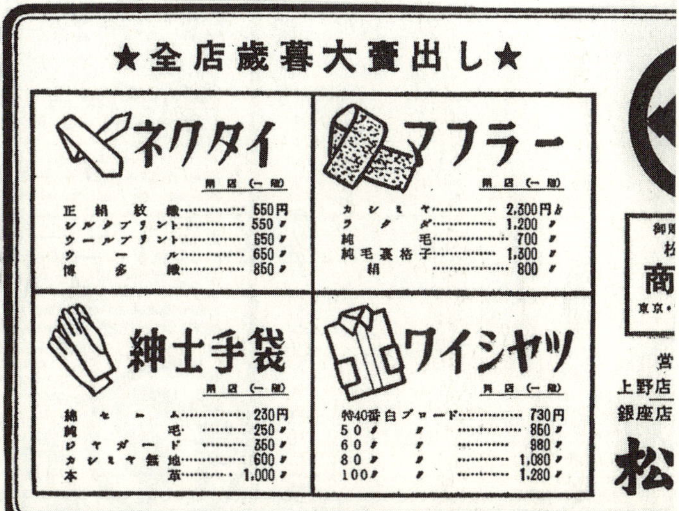

松坂屋　昭和28年12月4日(朝日)

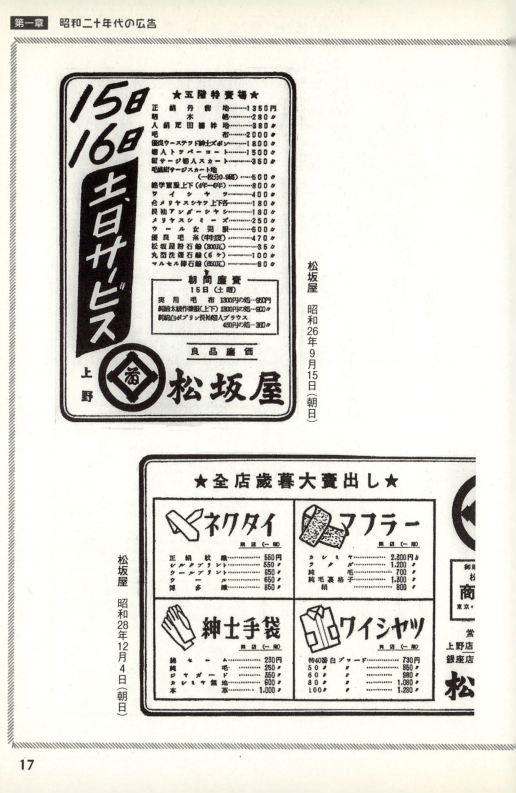

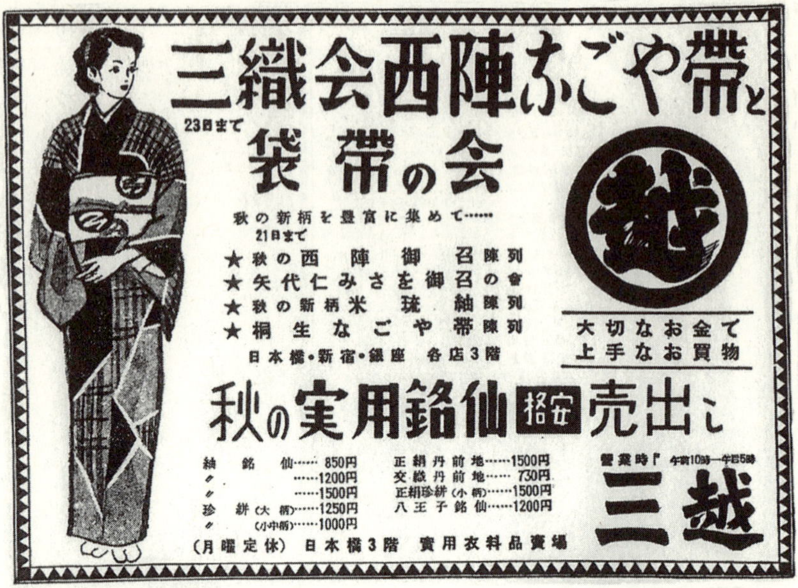

三越　昭和26年9月15日（朝日）

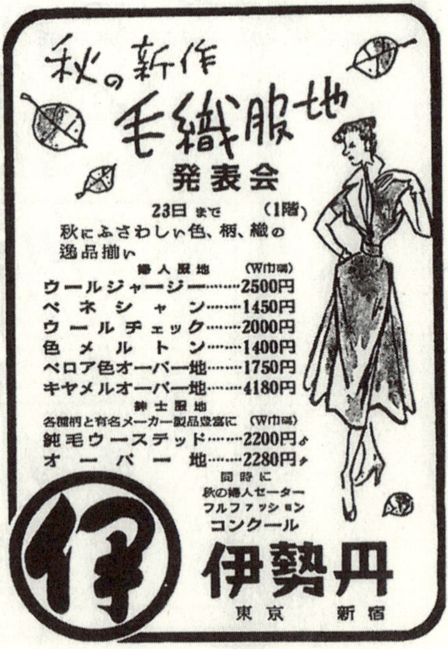

伊勢丹　昭和26年9月15日（朝日）

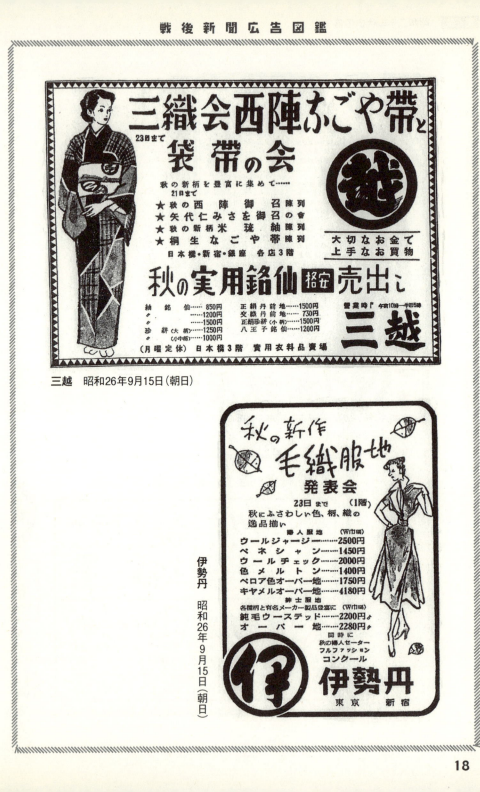

戦中の新聞広告あれこれ

「皇軍」「献納」「慰問袋」「銃後」といった単語や文章の言葉遣いが、時代の空気を雄弁に物語っている。

オクニノタメダ
ツヨクナラウ！
カラダヲ ツヨクスル エイヨウ
ケイヒンイリノ ヨイオクワシ
一ハコ・五セン
森永
ミゼッド
森永製菓株式會社

森永ミゼット
昭和13年9月6日（大阪朝日）

皇
軍
萬
歳
祝・漢口占領
皇軍感謝週間
（長期建設 東亜の鎮め）
皇軍の大捷を祝し、前線将士に満腔の感謝を捧げて、松坂屋の奉仕第一聲！
【廿九日より十一月七日まで】
慰問袋の感謝大奉仕
日の丸小旗＝お買上一袋毎に添付
防寒用品の感謝大奉仕
毛布、シャツ、防寒チョッキ、腹巻、手袋、靴下等
慰問向き品々のおつとめ大奉仕
献納梅干の感謝大奉仕
松坂屋
大阪 日本橋

大阪松坂屋「皇軍感謝週間」
昭和13年10月29日（大阪朝日）

ドツサリ榮養！
ガツチリ銃後！
森永ミルクキャラメル
五錢・十錢
森永製菓株式會社

森永ミルクキャラメル　昭和13年11月4日（大阪朝日）

掘出せ
街の鑛脈を！
大東亜戦争は鉄と銅で固められた戦争であり、鉄と銅を多く使つた方が勝利を握る
軍艦、飛行機、戦車、大砲、弾丸およそ兵器と名付けるものは鉄と銅とで装備されてゐるのでわかるだらう
ガソリンが戦争にとつて血の一滴なら鉄や銅は戦争の皮膚である
立派ナ手柄ヲタテテ來マス
バンザーイ

オフナール　昭和14年8月25日(大阪朝日)

ヒロポン系薬品

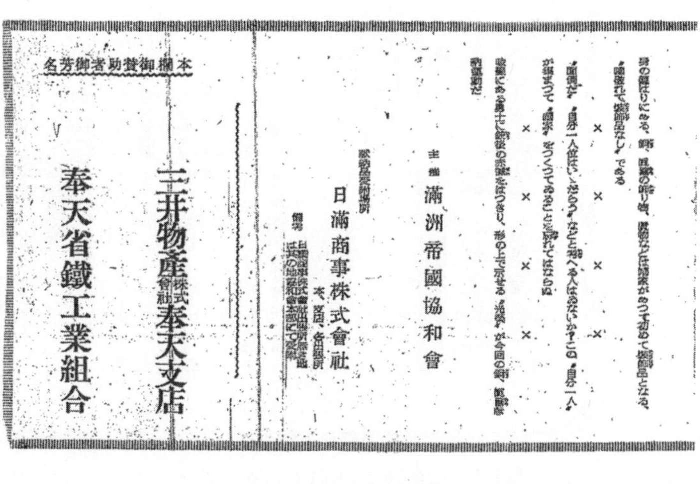

「掘出せ、街の鉱脈を！」
昭和18年5月10日(満洲日日)
「戦闘の皮膚」たる金属を集めるための献納運動を促す広告。主宰は満洲帝国協和会

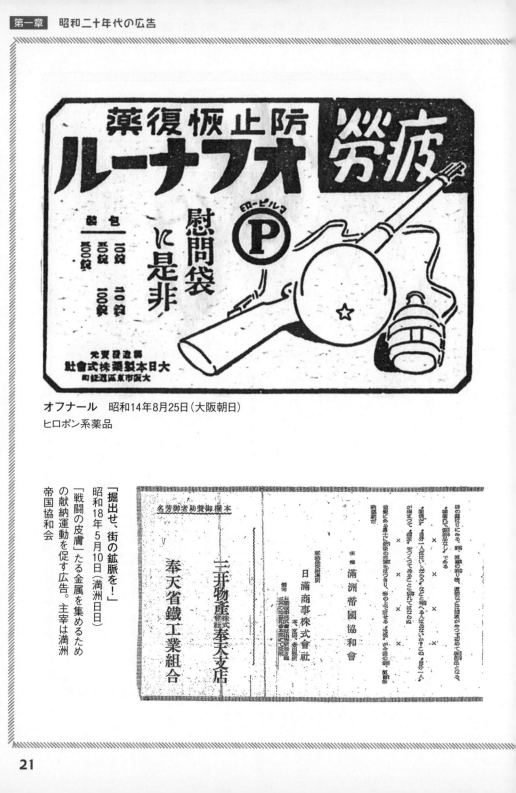

昭和の常識
「國民徴用令」が布かれ、百卅四種類の職業人を徴集これは出征と等しい産業戰士
會社、工場へ常備要藥として
仁丹
仁丹
さなきだに人不足の上へ極端に急がしい昨今の會社、工場では殊に、この猛暑から……
毎日 暑氣仆れ、頭痛のぼせ
胃腸障害、食中り
疲勞過度
更に 惡疫の流行
等が著じるしいのは、銃後産業の爲め誠に遺憾です
之を未然に防ぐ最も手近な仁丹をいつもポケットに用意して絶えず活用せられよ

仁丹 昭和14年8月24日（大阪朝日）

新聞広告のはじまり

新聞広告のルーツといえば、江戸時代の「かわら版」や「引札」（商品を売り出すためのチラシやビラ）が考えられるが、日本で初めて新聞が作られたのは幕末で、明治初期の新聞にはまだ、引札が付録的についてきたりした。

その後、紙面に印字されるかたちのいわゆる新聞広告が、徐々に増えてくるのだが、そんな黎明期の先駆者ともいえるのが、画家として有名な岸田劉生の父でもある岸田吟香（一八三三〜一九〇五）だ。

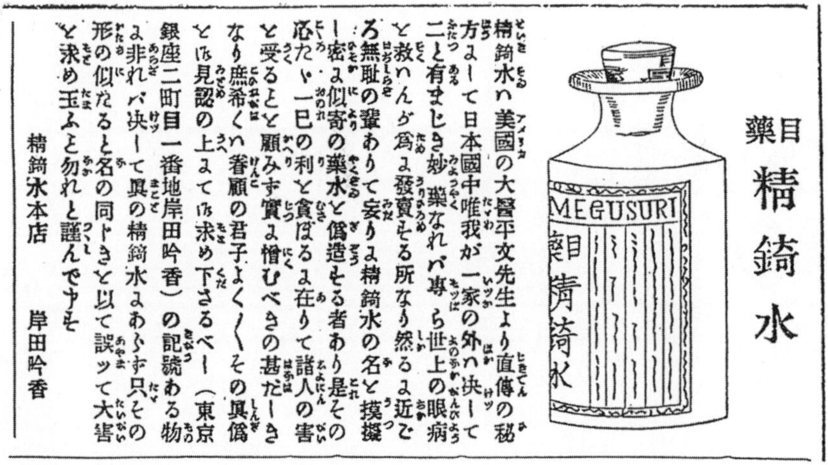
目藥
精錡水
MEGUSURI
目藥精錡水
精錡水《せいきすゐ》ハ美國《アメリカ》の大醫平文先生より直傳《ぢきでん》の秘《ひ》方《はう》にして日本國中唯我《たゞわ》が一家《いツか》の外《ほか》ハ決《けツ》して二《ふたつ》と有《ある》まじき妙藥《みやうやく》なれバ專《もツぱ》ら世上の眼病《がんびやう》を救《すく》はんが爲《ため》に發賣《うりひろめ》する所なり然《しか》るに近《ちか》ごろ無恥《はぢしらず》の輩ありて妄《みだ》りに精錡水の名を摸擬《うつ》し密《ひそか》に似寄《により》の藥水《やくすゐ》を僞造《ぎざう》する者あり是《これ》その偏《ひとへ》たゞ一己《おのれ》の利《り》を貪《むさ》ぼるに在《あ》りて諸人《しよにん》の害《がい》を受《うく》るを顧《かへり》みず實《じつ》に憎《にく》むべきの甚《はなは》だしきなり庶希《こひねがは》くハ眷顧《けんこ》の君子よく／＼その眞僞《しんぎ》をほ見認《みとめ》の上《うへ》にてほ求《もと》め下《くだ》さるべし（東京銀座二町目一番地岸田吟香）の記讀ある物《もの》に非《あらざ》れバ決《けツ》して眞《まこと》の精錡水にあらず只《たゞ》その形《かたち》の似《に》たると名《な》の同じきを以て誤《あやま》ツて大害《たいがい》を求《もと》め玉《たま》ふを勿《なか》れと謹《つゝし》んで申す
精錡水本店　岸田吟香

精錡水　明治9年10月9日（東京朝日）

吟香は三十二歳のときに、横浜の眼科医ヘボンの助手として、日本初の和英辞典『和英語林集成』の編集助手を務める。その後、ヘボンから目薬調剤の秘伝を教わり、「精《せい》錡《き》水《すい》」と命名して発売。当時としては珍しい絵入りの新聞広告で売り上げを伸ばすことに成功した。新聞広告といえば文字広告がたまに出る程度の時代にあって、これは画期的なことだった。

明治中期からは、絵入りの広告も当たり前になってくる。なかでも最もバリエーションが多かったのは、薬や化粧品だった。

マチダひとこと
MEMO

明治初期には、複数の新聞を読むことができる「新聞縦覧所」という供覧施設が存在した。新聞の発行部数が少なく、流通網も未発達だった時代だけに、重宝されたという。

薬の各種広告　明治40年2月1日（薬業時報）

不二家のミルキー
ROYAL CROWN COLA
シャープ。テレビ
警察予備隊員
昭和27年
5月5日
はえある栄冠は?
三菱テレビ
新発売
一粒で二度おいしいアーモンド
グリコ
クラウンコーラ
人形をさしあげます
グリコ フアイブ
ビスコ
サンヨー
冷蔵庫
3つのスピーカーから
ゆたかな立体音
テレビは
サンヨー
洗濯のテキスト
日立電気洗濯機
新学期には先ず駆虫!
回虫・十二指腸虫・ぎょう虫が同時にとれる
虫くだし
アスキス
不二家のフランスキャラメル
Toshiba
鮮明な画像….
傳統の技術
奥さまの声をたえず設計にとり入れています!
スーパー噴流式
サンヨー洗濯機
雪印のおやつ
多年に亘る研究の成果!
東芝テレビセット
話題の中心
角壜1本で文化住宅が当る
スピードをとらえる
リコーS2
新発売
RICOH
キング

第二章

暮らしの広告

インスタントラーメン

インスタント食品がお目見えしたのは、昭和三十年代初めのこと。このころに誕生したものの中には、いまでも人気の商品が多く、特に根強いファンを誇るのは、なんといってもラーメンだろう。

日本初のインスタントラーメンとして、お湯をかけて三分待つだけという、かつてない画期的な調理法の「チキンラーメン」が日清食品から発売されたのは昭和三十三（一九五八）年。大好評を博して、同じような商品が同業他社から次々に発売された。価格は一食あたり、だいたい三十円から四十円。いまだと五百円くらいにあたる価格設定だから、当時としては高めだったけれど、みんながこぞって食するヒット商品となった。

その後、インスタント食品はラーメンに限らず、コーヒーやカレーといった具合にどんどん種類を増やし、あっという間に暮らしの必需品になる。高度経済成長期に向かう好景気の時代、電化製品が普及し、共稼ぎの夫婦も増えていたことから、需要が増えていったのだろう。

明星焼そば　昭和39年11月24日（朝日）
当時、インスタントの焼きそばは珍しかった

空袋が2回生きる!!
即席チキンラーメン
一〇〇万円・ピアノなどがゾクゾク
プラスセール
チキンラーメン又は新発売のチキンラーメンプラスカレーの空袋10枚をお送り下さい。総額三千万円の当る抽せん券を差上げます。なおチキンラーメンは教育設備助成運動参加商品ですから、そのためにマークを切り取った空袋も有効です。
抽せん券3枚でもれなくチキンラーメン又はチキンラーメンプラスカレー1袋差上げます
特等　現金一〇〇万円　一本
1等　88鍵高級ピアノ　十本
2等　ナショナルテレビ　三千本
3等　ナショナルトランジスタラジオ　百本
4等　ナショナルポット　三千本
5等　3色オートボールペン　一万八千本
残念賞
プラス賞
しめ切／昭和36年10月31日
抽せん日／十一月上旬
送り先／大阪府茨木市
日清食品株式会社プラスセール係
PLUS CURRY
即席チキンラーメン
＋プラスカレー
CHIKIN RAMEN
即席チキンラーメン
NSS
日清食品株式会社

即席チキンラーメン　昭和36年9月6日（朝日）
カレー味も登場。特賞の現金百万円一本は、現在の約一千万円に相当するかなりの高額賞金

寒さに負けない丈夫なカラダ！
暖かさいっぱい、味も栄養も満点。はげしいけい古に負けない体、グングン体力をつけるエースコック。
こんなすばらしさがラーメン界の横綱として人気のマトになっています。
エースコックはスープが特徴。野菜を入れて一寸煮ると一そう美味しい―高級小麦粉・新鮮な鶏肉・卵・昆布にビタミンB_1・B_2・レシチン・カルシウム…をプラス　３５円でグングン体力をつける香ばしくおいしい、近代人にピッタリの特殊栄養食品です。
厚生省許可特殊栄養食品
熱湯2分でOK！
エースコックの
即席ラーメン
インスタントカレーラーメン
東京　エース食品　大阪
CMソング
ブタブタ　子豚お腹がすいた（ブー）
〝エースコックの即席ラーメン〟
ブタブタ　子豚お腹がすいた（ブー）
〝エースコックの即席ラーメン〟
ブタブタ子豚　こいつに決めた（ブー）
〝エースコックの即席ラーメン〟
ブタブタ子豚　こいつに決めた（ブー）
〝エースコックの即席ラーメン〟
ブタブタ子豚　くたびれた　おしまい（ブーン）
一袋　３５円

エースコックの即席ラーメン
昭和37年1月6日（読売）
「ブタ、ブタ、子ブタ、お腹がすいた、ブー」のCMソングは子供たちの間で大流行した

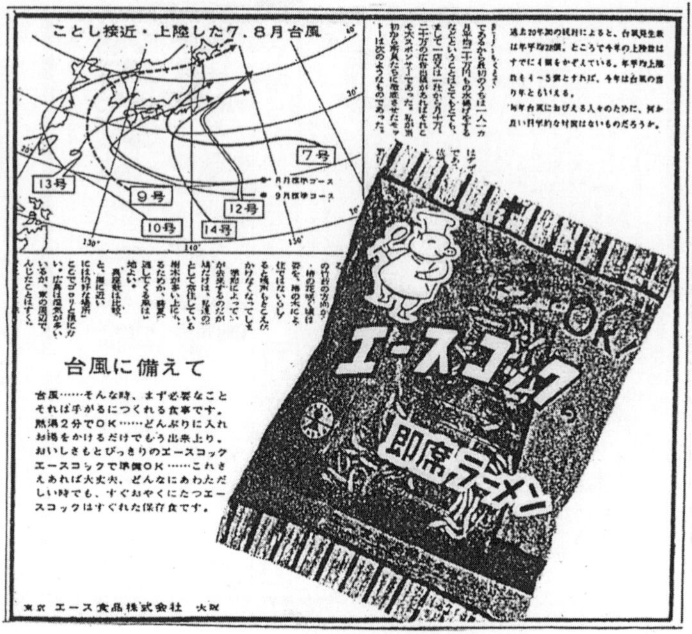
ことし接近・上陸した7、8月台風
7号
13号
9号
12号
10号
14号
過去20年間の統計によると、台風発生数は年平均28個。ところで今年の上陸数はすでに4個をかぞえている。年平均上陸数を4～5個とすれば、今年は台風の当り年ともいえる。
毎年台風におびえる人々のために、何か良い科学的な対策はないものだろうか。
台風に備えて
台風……そんな時、まず必要なこと それは手がるにつくれる食事です。熱湯2分でOK……どんぶりに入れお湯をかけるだけでもう出来上り。おいしさもとびっきりのエースコック エースコックで準備OK……これさえあれば大丈夫。どんなにあわただしい時でも、すぐおやくにたつエースコックはすぐれた保存食です。
OK
エースコック
即席ラーメン
東京　エース食品株式会社　大阪

エースコックの即席ラーメン
昭和37年9月9日（読売）
台風時の保存食としても利用できるとアピール

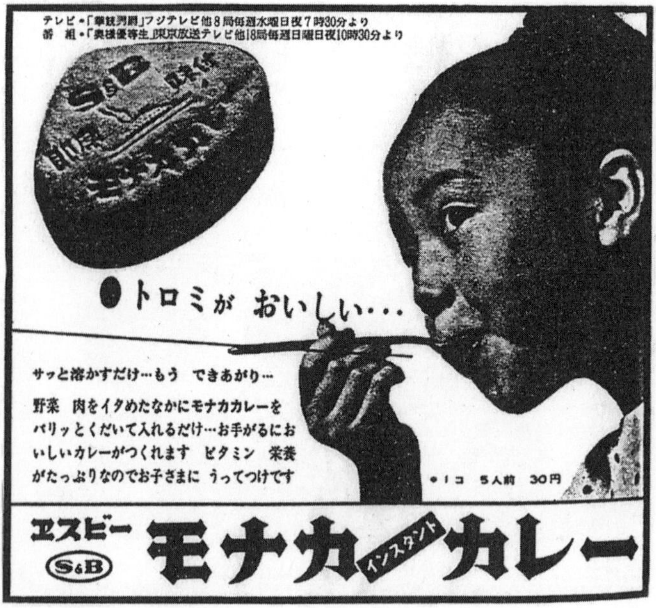
テレビ・「拳銃男爵」フジテレビ他8局毎週水曜日夜7時30分より
番　組・「奥様優等生」東京放送テレビ他18局毎週日曜日夜10時30分より
トロミが　おいしい…
サッと溶かすだけ…もう　できあがり…
野菜　肉をイタめたなかにモナカカレーを パリッとくだいて入れるだけ…お手がるにおいしいカレーがつくれます　ビタミン　栄養がたっぷりなのでお子さまに　うってつけです
●1コ　5人前　30円
エスビー
S&B
モナカ　インスタント　カレー

モナカインスタントカレー（エスビー）
昭和35年12月2日（毎日）
和菓子の懐中しるこがヒントになっている

＜こんなインスタント食品も……＞

罐詰料理
即席豪華
メニュー
夏の間はどうしても口当りのよい淡白なものを食べるようになり栄養不足になりがちです、それに蒸し暑い日のお料理は並大抵ではありません、なるべく手間のかゝらない栄養十分な献立をつくることが工夫のしどころです
阪急の洋食缶詰は直営工場で独自の調製をしたもので高級グリルそのまゝのしゃれた味が自慢です、カレーの他18種類ございますからいろいろバラエティにとんだメニューができ上ります
Hankyu
CURRY
阪急
大井店・数寄屋橋店

「缶詰料理即席豪華メニュー」
（阪急大井店・数寄屋橋店）
昭和33年8月4日（朝日）

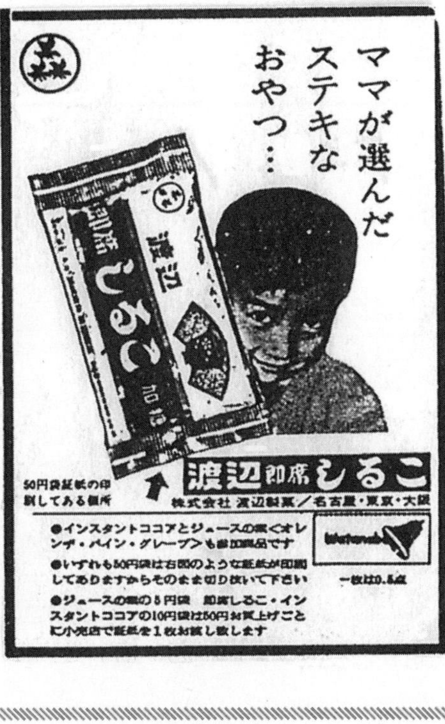
ママが選んだ
ステキな
おやつ…
渡辺
即席しるこ
50円袋証紙の印刷してある個所
渡辺即席しるこ
株式会社 渡辺製菓／名古屋・東京・大阪
●インスタントココアとジュースの素〈オレンジ・パイン・グレープ〉も参加製品です
●いずれも50円袋は右図のような証紙が印刷してありますからそのまま切り抜いて下さい
一枚は0.5点
●ジュースの素の5円袋　即席しるこ・インスタントココアの10円袋は50円お買上げごとに小売店で証紙を1枚お渡し致します

渡辺即席しるこ
昭和36年9月12日（朝日）
CMソングには当時の人気喜劇
俳優の榎本健一を起用

インスタントコーヒー

昭和三十年代中ごろに、急激に売り上げを伸ばしたインスタント食品の中でも、特に人気を博したものの一つが、インスタントコーヒーだ。

「ある外国系の食品会社では『日本市場への売り込みはまだ手始めですよ。これから日本のあらゆる層に、たとえば田植えする女の人たちにもアゼ道の休息時間に飲んでもらうつもりです』と語っていた。

この激しい販売合戦を目のまえにみてコーヒー業界の消息通は「外国資本の進出は目先のことにばかりとらわれない、長期計画できているからこわいですよ。若い人たち、いま生まれたばかりの赤ちゃんの将来にまでも目をつけている。（後略）」と語っていた……」（昭和三十七年二月十一日・読売新聞）

当時のこんな記事からは、インスタントコーヒーがお茶の間に急速に浸透していく様子と、海外の巨大資本が虎視眈々と日本市場を開拓しようとする姿がうかがえる。なんたって、「アゼ道の休息時間」や「赤ちゃんの将来」まで視野に入れているというのだから。

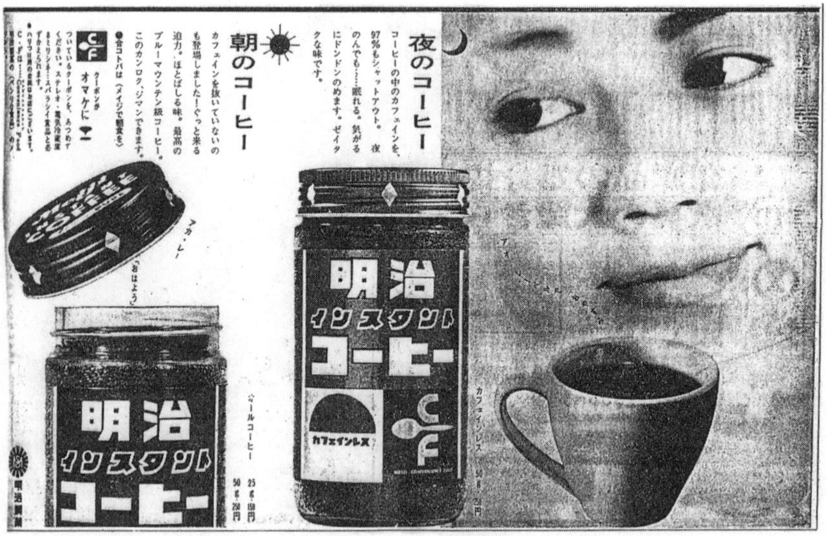

夜のコーヒー
コーヒーの中のカフェインを、97%もシャットアウト。夜のんでも……眠れる。気がるにドンドンのめます。ゼイタクな味です。
朝のコーヒー
カフェインを抜いていないのも登場しました！ぐっと来る迫力。ほとばしる味。最高のブルーマウンテン級コーヒー。このカンロク、ジマンできます。
●合コトバは〈メイジで朝食を〉
クーポンがオマケに
ついているクーポンを、あつめてください。ステレオ・電気冷蔵庫8ミリシネ…スバラシイ賞品とかえられます。
●ハリフ川用の名目はお店にございます。
明治インスタントコーヒー
カフェインレス
ゴールコーヒー
25g・150円
50g・250円
明治製菓

明治インスタントコーヒー　昭和37年2月14日（読売）

いいものを買うときの
誇らしさと満足を
ネスカフェは
あなたにお約束します
味がちがう…
香りがちがう…
溶けかたがちがう…
最高級のインスタントコーヒー
愛飲家の数も世界一です
とにかく一度お試しください
NESCAFÉ
43 beans
IN EVERY CUP
ぼくネスカフェです
NESCAFÉ
ネスカフェ
NESCAFÉ
COFFEE
ネッスル日本株式会社

ネスカフェ　昭和36年10月14日（朝日）
日本でインスタントコーヒーの輸入が全面自由化されたのが、この広告が出た昭和36年。それ以前にも一応輸入はされていたが、あまり一般的ではなかった

マチダひとこと
MEMO

インスタントコーヒーは昭和36（1961）年に輸入が自由化された。これがブームのきっかけになったといわれている。ちなみに、コーヒー豆そのものの輸入自由化は、その前年のこと。

ひきたてのコーヒー
そのままの風味が
ご家庭で味わえる…
マックスウェル インスタント コーヒーは最高のコーセービーンズをマックスウェル独特の方法により精製した純度１００％のコーヒーでアメリカやヨーロッパの家庭にもっとも人気があります 熱湯にさっととけて すばらしい豊かな香りをはなち ひきたてのコーヒーそのままの風味を満喫できます 有名百貨店 酒店 食料品店 菓子店 薬局 茶舗でお求め下さい
MAXWELL
TRADE MARK
INSTANT
COFFEE
100% PURE COFFEE
大瓶50グラム ¥250
小瓶25グラム ¥150
マックスウェル インスタント コーヒー
Product of General Foods, Ltd.

マックスウェル インスタントコーヒー　昭和37年1月21日（毎日）
250円は現在の約2500円。決して安くはなかった

お菓子

　砂糖が配給制で、甘いお菓子などほとんど手に入らなかった終戦直後を経て、昭和も三十年代に入ると、製菓業もだんだんと増えていった。

　昭和三十五（一九六〇）年にはココアバターとカカオ豆の輸入が自由化されたため、このころからチョコレートの新商品が数多く登場した。しかし、チョコレートにも認知度が低く売れない、不遇の時代があった。そこで業界が目をつけ、販促活動に活用したのが、バレンタインデーだ。

　同じ時期には、さまざまな景品が当たる抽選企画も流行し、ときには鳥や犬まで景品になっていた。いまではいろいろと問題がありそうだが、これを機に、わが家にペットが……なんて家庭もあっただろう。

　こんな具合に、お菓子周辺の新動向はいろいろとありつつも、昭和三十年代中ごろまでは、子供たちのおやつといえば町内の駄菓子屋の駄菓子だった。新聞広告に出ているようなハイカラなお菓子はまだ、遠足をはじめ、何か特別な日にしか買ってもらえない高嶺の花だった。

新高
新高ドロップ
スポーツに
ハイキングに
新高ホームランカード
左のボールの点数は ① から ⑤ までありますから
点数を集めてお送り下さい、次の景品を差上げます。
20点 マンガ本（新高特選美本）
30点 色ガミセット、模型飛行機
50点 マスコット人形、模型モーター
70点 美しい鉛筆箱、大型競争模型飛行機
100点 シャープペンシル、モール材料セット
（お人形、花籠など出来ます）
200点 文房具セット、模型強力モーター、ハーモニカ
5点
東京 新高製菓株式會社 大阪

新高ドロップ　昭和26年10月21日（朝日）

ラジオ東京・毎日曜朝9.ル45分・「キヤラねえたん」
春《はる》の
おでかけに
いつもかわいゝ
こぐまのおとも
雪印のおやつは　みんな雪印バターや雪印ミルクがどつさり入つていますから　おいしくて栄養があります……
雪印バターキャラメル
10円
20円
雪印ヌガー
20円
雪印バターボール
20円
雪印のおやつ
雪のマークで世界的に信用のある・雪印乳業株式会社

雪印のおやつ
昭和29年4月17日（毎日）

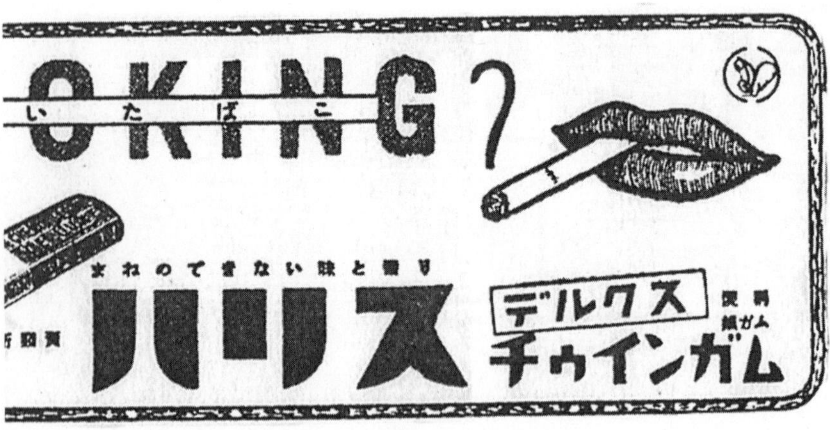
OKING?
いたばこ
まねのできない味と香り
ハリス
デルクス
便利
紙ガム
チウインガム

よいキャラメルは疲れをなおす
糖分の他に成育に必要なカルシ
ウム・ビタミン・それに良質の
動物性蛋白と脂肪も含んでいます
ヨーイ　ドン！
森永ミルクキャラメル
CA−149
森永製菓株式會社

森永ミルクキャラメル　昭和26年10月26日（朝日）

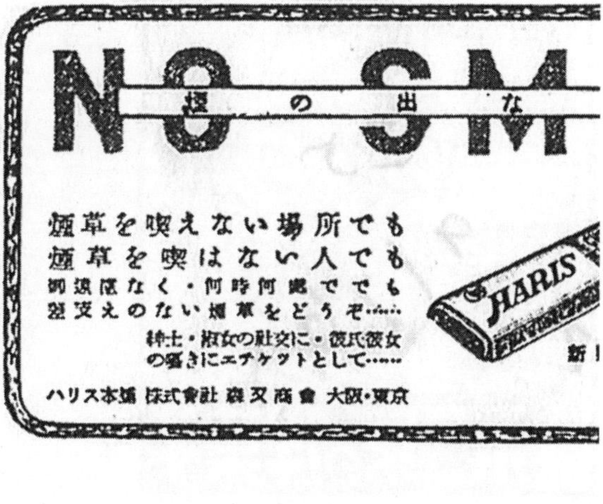
NO SM
煙の出な
煙草を喫えない場所でも
煙草を喫はない人でも
御遠慮なく・何時何處ででも
差支えのない煙草をどうぞ……
紳士・淑女の社交に・彼氏彼女
の囁きにエチケットとして……
ハリス本舗 株式會社 森又商會 大阪・東京
HARIS

デルクス チゥインガム（ハリス）
昭和25年9月26日（朝日）

雪印アイスクリーム
昭和33年8月4日（朝日）
新製品の「二十円」は、現在の約四百円に相当

新しい五人のおともだち
アイス スティック
雪印 アイスクリーム
坊ちやんも 孃ちやんも
安心して召し上がれる…
美しい近代的工場から　オートメーションで生れてきた雪印アイスクリームはお子様でもお年寄でも安心して召し上がれる衛生的でおいしいアイスクリームです　それに牛乳や卵などの栄養もどっさり入つていますから夏負けしない強い体もつくれます　雪印アイスクリームでこの夏を元気に楽しく過しましょう
夏休みの社会科
テレビカメラ見学―雪印乳業東京工場
（KRテレビ 8月5日 午前9.00から9.45まで）
明朝9時からKRテレビで雪印アイスクリームの衛生的な製造工程を東京工場からお送りします　第6チャンネルにお合せ下さい
さわやかな味覚のハーモニー
雪印アイスクリーム
新製品―ネーブル・アップル・コーヒーアイス（各20円）・ココア・オレンジスティック（各10円）

たのしい 洋菓子祭
10月1日―10月7日
毎日一品特売サービス！
その上お買上百円毎に洋菓子が当る
金貨チョコレート差上げます
不二家の洋菓子

たのしい洋菓子祭（不二家）
昭和28年10月1日（朝日）

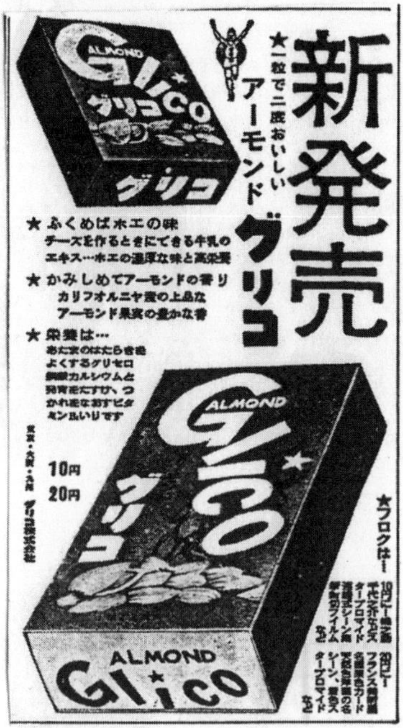

アーモンドグリコ
昭和30年6月2日（朝日）

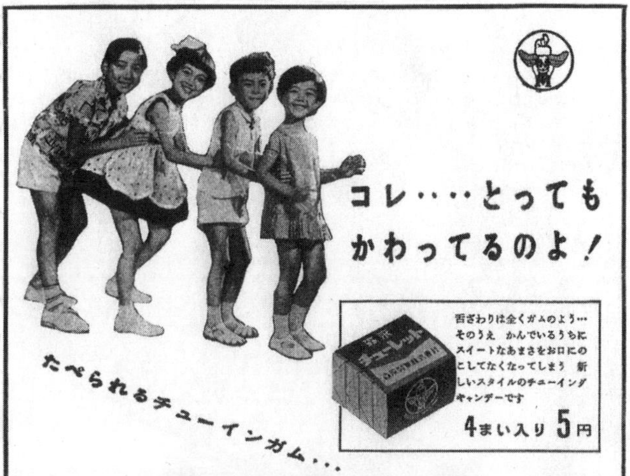

森永チューレット
昭和32年9月7日（朝日）

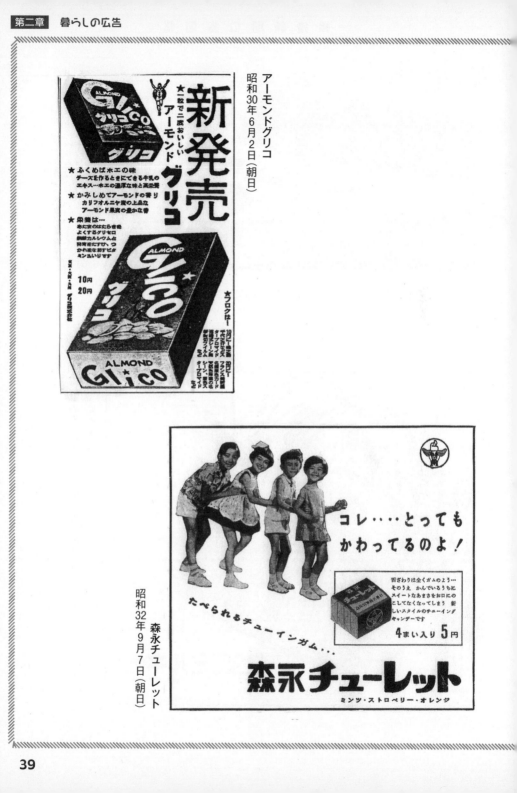

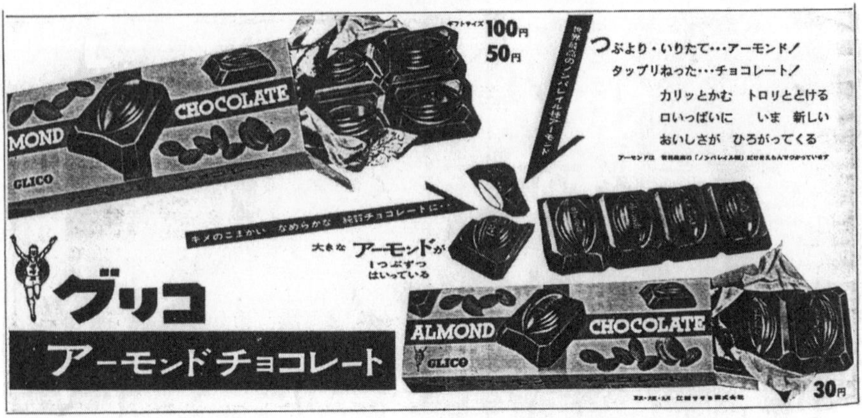

グリコ アーモンドチョコレート　昭和35年10月3日（朝日）

不二家のミルキー　昭和36年10月27日（朝日）
ペコちゃん誕生は昭和25年

カルピス
昭和33年8月8日（朝日）
当時はまだ黒人マークを使用している

前田のクラッカー
昭和33年12月5日（朝日）

Meiji
明治チョコレートキャラメル
明治
キャラメル・チョコレートご愛用者
ご優待
笑とスリルの豪華ショー
世界一周
日本サーカス
●とき 10月8日—11月9日
お詫び
22号台風のため10月5日初日のところ 10月8日初日となりましたのでご了承下さい。
●ところ 大森平和島
●明治キャラメルの空箱又はチョコレート20円売のレーベルを1枚ご持参になれば次の通りご優待いたします。
大人150円を100円
小人80円を50円

「日本サーカスご優待」(明治チョコレートキャラメル)
昭和33年10月4日(読売)

グリコの中の・・・
補助券10枚で
十姉妹 オス 鳥かごなし 1羽
さしあげます
ご好評にこたえてさらに…補助券10枚で小鳥をさしあげます 10円のグリコから補助券や幸運券をさがしあてて下さい
★幸運券には特賞から4等まであつてカナリヤオーム等がもらえます
★文鳥
★せきせいインコ
特賞・オーム 1羽 またはシネマツクス8ミリ撮影機………30本
1等・カナリヤ 1羽 またはラジコンパス……………300本
2等・文鳥 1つがい または螢光灯スタンド…………1000本
3等・せきせいインコ1つがい または置時計……………3000本
4等・十姉妹 1つがい または、ホツピング…5万本
補助券は・・10枚で十姉妹オス1羽、25枚で4等、50枚で3等、75枚で2等、100枚で1等の賞品をさしあげます。特賞から4等までは鳥カゴ付です
全日本鳥獣商組合連合会
グリコ
10円
★1つぶで2度おいしい アーモンドグリコ
★オマケつきグリコ
東京・大阪・九州 グリコ株式会社

「補助券10枚でさしあげます」(グリコ)
昭和32年5月23日(朝日)
なんと、当たると小鳥がもらえる

Winter HAS COME!
ウインターがやってきました
当社提供テレビ番組
フルヤ日曜映画劇場
毎週日曜朝9時～10時
フジテレビ系8チャンネル
フルヤのウインターキャラメル
WINTE
★
まだ秋なのに　と思われるでしょう
而し…………　爽やかな季節と共に
又ウインターキャラメルが発売になったのです
更に一段と品質と味を改良して　キャラメルの
冬の女王として必ず皆様にお賞めいたゞけると思います
キャラメルの冬の女王
お好きな仔犬と応募者全員洩れなく当る大懸賞実施中！説明書差上げます
フルヤの
ウインターキャラメル
古谷製菓東京支店・東京都下谷局区内

フルヤのウインターキャラメル
昭和34年10月18日（毎日）

Straight
Morinaga CHOCOLATE
MORINAGA CONFECTIONERY
森永　ストレート
2/14 Chocolateの日
バレンタインデー
あちらの映画・TVでおなじみ〈愛の日〉バレンタインデー。若いヒトが贈物や手紙を交換しあう日です。チョコレートをそえて贈れば、レイケンアラタカとか……あなたも一度ためしてみては?!
森永チョコレート
恒例バレンタインギフト！
チョコレートのラベル100円分を1口にして抽選
★ダイヤの指輪　10名　★翡翠の指輪　20名
★オパールの指輪100名　★真珠の指輪1000名
送り先　東京・高輪局区内森永バレンタイン係
〆　切　2月末日・発表3月中旬ご当選者に本人通知

森永チョコレート　昭和37年1月28日（毎日）
バレンタインキャンペーン初期の広告

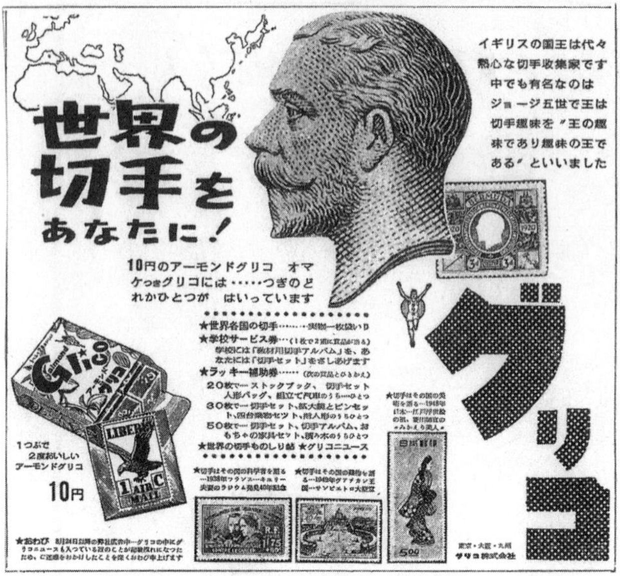

「世界の切手をあなたに！」（アーモンドグリコ）
昭和32年9月6日（朝日）
当時の切手ブームを利用した広告

「わたしに可愛い名前を！」（不二家のフランスキャラメル）
昭和32年7月11日（朝日）
イラストのモデルはシャーリー・テンプルといわれている

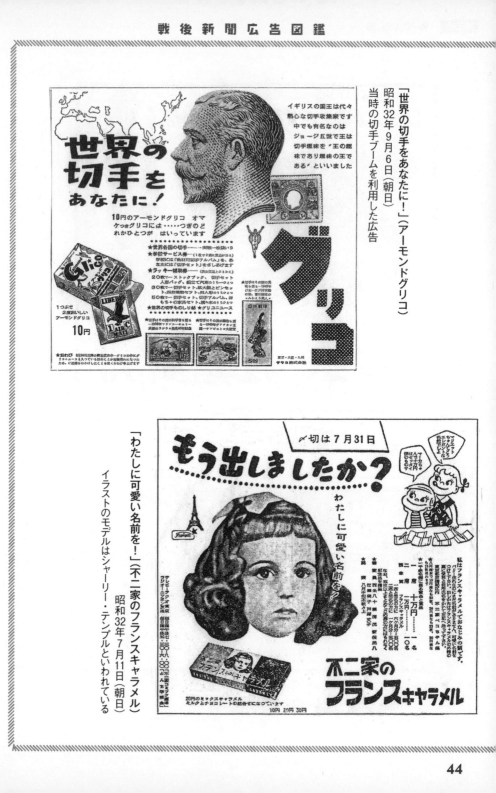

コーラ

日本におけるコーラの登場は、古くは大正時代にさかのぼるが、本格的に上陸を果たすのは昭和三十年代に入ってからだ。

当時の様子を物語る、こんな新聞記事がある。

「一度飲んだら百年目、〝実母散（※）に砂糖を入れるような味〟、これがコカ・コーラだといわれる。一度飲みつけたらどうにもやめられないものらしい。（中略）最近、このコカ・コーラを日本でも（中略）駐留軍以外に国内で売らせようという動きが活発になり、サイダー業者など日本の清涼飲料業者をふるえあがらせている。」（昭和三十一年三月二十四日・毎日新聞）

実際、猛烈なコーラ進出反対運動が起き、当時の国会の農林水産委員会はコーラの市販に不許可の方針を決めた。しかし、昭和三十五（一九六〇）年ごろから、アメリカのコカ・コーラやペプシコーラのほか、国内でも、グリコやリボン、サッポロなどがコーラ販売に乗り出し、昭和四十年代に登場し始めた自動販売機では、もはや定番商品だった。

※**実母散**　薬草などを成分とした主に婦人病のための、やや苦味のある漢方薬。煎じて利用する。

歓喜のとき
色とりどりの紙ふぶき。拍手の波。おどりあがり、抱きあい、歓喜がうずまくこの時……コカ・コーラあり！はじけるウマサ。快い刺激。喜びの日にふさわしい若さと力の飲みもの―コカ・コーラは、世界125ヵ国で飲まれています。いつ、どこで飲んでも、その味はただひとつ。コカ・コーラに結ばれて、今、世界のこころもひとつです。
Coca-Cola
コカ・コーラでこのとき、世界はひとつ
Coca-Cola

コカ・コーラ　昭和39年10月7日（毎日）
東京オリンピック直前の広告

ロイヤルクラウンコーラ　昭和39年4月26日（朝日）

アメリカでの創業は1905年、日本では昭和36年より発売。発売はサントリー。
モデルは後にコカ・コーラのCMに登場した加山雄三

[全部広告]
朝日新聞
昭和40年1月31日　日曜日
(28)
Pepsi Family-size
便利な《リシーラー》をさしあげます!
ファミリーサイズ２本お買いあげの方には、特別セール期間中にかぎり《リシーラー》１コをさしあげます。
一度栓をあけても、残りを《リシーラー》がいつまでも新鮮にたもちます。
３人で楽しめる
お徳用ファミリーサイズ
ご家庭でのだんらん、お客さまのもてなし、お友だちとのパーティ…３人あつまったときは、ファミリーサイズがぴったり。いっぱいにひろがるたのしさ、おいしさ、さわやかさ。１本60円１人分なら20円。世界100カ国以上で親しまれているペプシだけのフレッシュな味をあなたもどうぞ。
●お近くの酒屋・食料品店でお求めください。
1本60円＋ビン代10円
PEPSI-COLA
ペプシコーラ
FAMILY SIZE
ファミリーサイズ
REGULAR SIZE
普通サイズ

ペプシコーラ　昭和40年1月31日（朝日）

歯みがき & 男性用整髪料

歯みがきの新聞広告といったら、なんといってもスモカのシリーズ広告が有名だ。気の利いた文句とデザインに加えて、昔は販売しているのが薬局ではなく煙草屋という、その売り方もミソだった。

売り出した当初のスモカは粉末の歯みがきだったが、粉歯みがきは、最近はほとんど見なくなった。しかし、チューブ式が生まれたばかりの昭和三十年代はまだ主流で、水で濡らした歯ブラシを粉に直接つけて使っていた。

歯ブラシといえば、ぼくの父親はビン入りポマードを、歯ブラシを使って髪につけていた。

昭和四十年代には、ぼくもポマードを使用していた。初めは「チック」というスティックタイプのものだったが、「バイタリス」という液体整髪料が登場すると、もっぱらこちらを使うようになった。

男性用整髪料の新聞広告は、戦前は全然見当たらない。しかし昭和三十年くらいから、数は多くないが登場し始めている。このころから、男もおしゃれの時代になったということか。

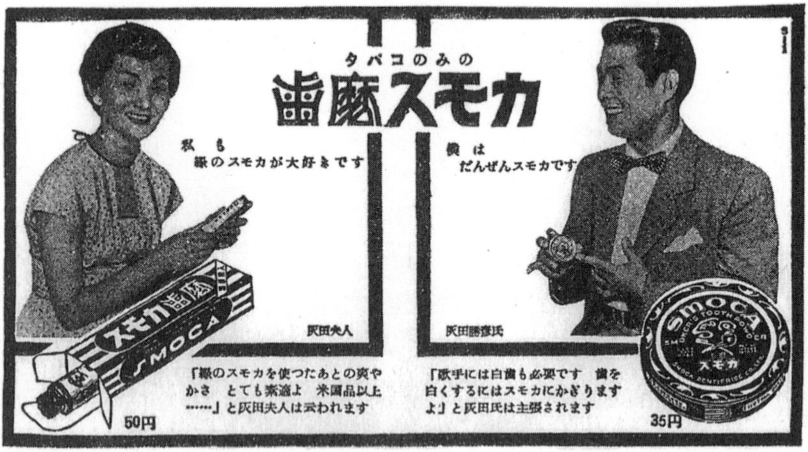
タバコのみの
歯磨スモカ
私も
緑のスモカが大好きです
スモカ歯磨
SMOCA
灰田夫人
「緑のスモカを使つたあとの爽やかさ　とても素適よ　米国品以上……」と灰田夫人は云われます
50円
僕は
だんぜんスモカです
灰田勝彦氏
SMOCA
スモカ
「歌手には白歯も必要です　歯を白くするにはスモカにかぎりますよ」と灰田氏は主張されます
35円
歯磨スモカ　昭和30年1月11日（朝日）

タバコのみの
歯磨スモカ
カメラマンは
ねらい打つ
エリザベス王女の
そのうごき
その笑い
ピントは
白い歯に合わす
潤製 35円・煉 7 円・粉 10円

歯磨スモカ　昭和26年12月31日（朝日）

新しいセンスの
白い歯磨
製法特許の微粒子性煉歯磨
歯磨は サンスター シオノギ
■ チューインガムのようなシックな味と香りです
■ 歯質をいためずに歯を白くする粒子の細かさが…製法特許です
■ 新配合のEG−51が長時間ムシ歯を予防します
30円・50円・100円・150円
Sun
ANTI-ENZYME
Star
SHIONOGI
★ホワイト・サンスターといつてお求め下さい
NTV・OTV・CBC-TV
午後6時15分から
★夜ねるまえにも歯をみがきましょう
発売元 塩野義製薬株式会社　製造元 サンスター歯磨株式会社

サンスター　昭和32年8月18日（朝日）
イメージキャラクターに松島トモ子を起用

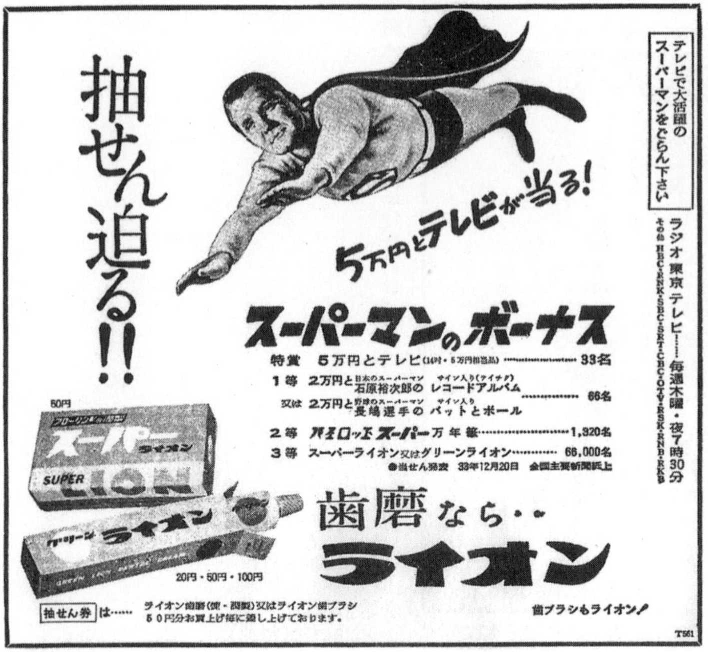
抽せん迫る!!
5万円とテレビが当る!
テレビで大活躍の
スーパーマンをごらん下さい
ラジオ東京テレビ……毎週木曜・夜7時30分
その他 HBC・RNK・SBC・SRT・CBC・OTV・RSK・RNB・RKB
スーパーマンのボーナス
特賞 5万円とテレビ(14吋・5万円相当品)……33名
1等 2万円と日本のスーパーマン石原裕次郎の サイン入り(テイチク)レコードアルバム
又は 2万円と野球のスーパーマン長嶋選手の サイン入りバットとボール……66名
2等 パイロットスーパー万年筆……1,320名
3等 スーパーライオン又はグリーンライオン……66,000名
●当せん発表 33年12月20日 全国主要新聞紙上
50円
スーパーライオン
SUPER LION
20円・50円・100円
歯磨なら‥
ライオン
抽せん券は…… ライオン歯磨(煉・潤製)又はライオン歯ブラシ
50円分お買上げ毎に差し上げております。
歯ブラシもライオン!
T561

ライオン　昭和33年12月9日（朝日）
当時人気だったテレビ番組「スーパーマン」を使った懸賞広告

TRADE MARK
クロロフィル潤製
ライオン歯磨
口臭を消す
クロロフィル潤製
ライオン歯磨
葉緑素・新抗酵素剤入
ゼッタイお徳な
家庭用歯磨!
緑 100円
ピンク 80円
T304

ライオン歯磨
昭和32年9月6日（朝日）
近ごろ珍しい粉はみがき

毛髪を育てる葉緑素配合！
香り／ねばり／洗い落ち／満点
柳屋ポマード
皮膚・毛根に栄養を与え、毛髪の育成を助ける高貴な葉緑素を配合していますので、髪が強く美しくなるのは驚く程です。更に葉緑素の作用で、ふけ・かゆみをなくし、抜毛を防ぐので、毛髪に関する限り悩みは解消します
200円・120円・100円

柳屋ポマード
昭和26年10月26日（朝日）

新春の髪は…
香ぐわしく、きよらかに
多幸なれ／1955年のスタート…年頭の決意と清新の気あふれる正月の髪にふさわしく、スッキリと整髪いたしましょう。
今年もまた柳屋ポマードは皆様の髪のために、更に新しい研究を加え、最良の品質をつくり御要望に応える覚悟です。
100円　150円　200円
柳屋ポマード
柳屋ヘヤートニック

柳屋ポマード
昭和30年1月6日（朝日）

ぐんを抜く第一級品の魅力！
メヌマプロポマード
これほど青春の魅力をつくるポマードが他にあるでしょうか
近代的な香り　床しいしっとりとした艶　気持のよいノビとサラッと爽やかな洗い落ち　勿論フケカユミ　抜毛の悩みも解消　魅力溢れる美しい髪をつくる第一級品メヌマこそあなたの青春のシンボルです
徳用瓶 150円
特大瓶 200円
毛髪のホルモン
強力発毛感光素T7
葉緑素配合
株式会社 メヌマ

メヌマ プロポマード
昭和30年1月30日（朝日）

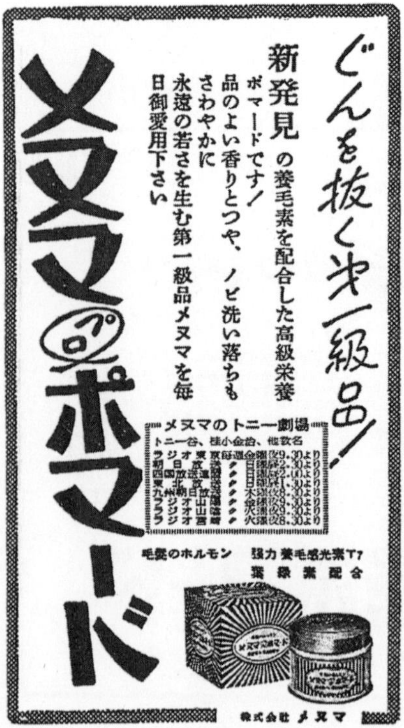
ぐんを抜く第一級品！
メヌマプロポマード
新発見の養毛素を配合した高級栄養ポマードです！
品のよい香りとつや、ノビ洗い落ちもさわやかに
永遠の若さを生む第一級品メヌマを毎日御愛用下さい
メヌマのトニー劇場
トニー谷、桂小金治、他数名
毛髪のホルモン
強力養毛感光素T7
葉緑素配合
株式会社 メヌマ

メヌマ プロポマード
昭和31年4月26日（朝日）

テカテカ
ベタベタしない
ご整髪に"油"はいらない？！
バイタリスは、V-7の配合で光らす、
ベタつかず、スッキリと仕上げる新整
髪料です。
動物、鉱物、植物性など一切の油を含
まないのでサラッと軽快です。
■帽子や枕カバーをヨゴす心配がありません
■毛を柔らげ、パサパサ髪、フケを防ぎます
関東・山梨・静岡地区で…
《新発売》
250円・400円
油でない 整髪料
バイタリス
ライオン歯磨
ブリストル・マイヤーズ

バイタリス
昭和38年5月12日(朝日)
ぼくが使っていた液体整髪料。
アイビーの必需品でもあった

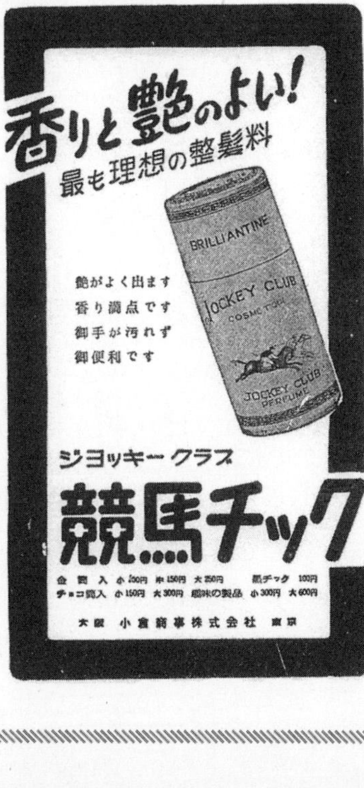
香りと艶のよい！
最も理想の整髪料
艶がよく出ます
香り満点です
御手が汚れず
御便利です
ジヨッキー クラブ
競馬チック
チョコ罐入 小150円 大300円 趣味の製品 小300円 大600円
大阪 小倉商事株式会社 東京

競馬チック（スティックタイプ）
昭和32年9月4日（朝日）

40年間お待たせしました!

昭和三十六(一九六一)年十一月二十八日、大手新聞の夕刊に「アンネナプキン」の全面広告が出て、女性用の生理用品としてはかつてない宣伝と話題になった。発売元はアンネ株式会社(平成五(一九九三)年にライオンと合併)で、衛生的なポリエチレン袋に入っており、においを消す殺菌剤も使用。加えて水洗トイレに流すことができるという、このころとしてはかなり画期的なものだった。

それまでの「生理帯」「月経帯」といったものとは異なる「アンネ」というユニークな名称は、アンネ・フランクの書いた『アンネの日記』に、生理について書かれていたことがヒントとなってつけられたという。

価格は十二個入りで百円。これは現在の千円強にあたるので、消耗品にしては高価だったが、それでも大変な売れ行きだったという。ちなみに「40年間お待たせしました!」というコピーは、欧米に遅れること四十年、という意味である。

【全面広告】 昭和36年11月28日 火曜日 朝日新聞（夕刊） (12)
40年間お待たせしました！
すべての女性に
毎月おとずれる生理日のわずらわしさを
一度に吹きとばす
全く新しいタイプの生理用品
〝アンネナプキン〟と、姉妹品〝パンネット〟が、いよいよ新発売され、すばらしい反響をまき起こしています。
アンネの特長は、特殊加工した脱脂綿と純良パルプ紙綿の、二つの長所をたくみに組み合わせたところにあります（特許出願）
欧米では40年も前から、このタイプが研究され、いまでは85パーセント以上のご婦人が愛用しているわけですが……
これに引きかえ、わたくしたち日本女性は遠いおばあさまの時代＝明治そのままの原始的方法しか知らされておらず知らぬ間に、この方面で欧米のご婦人たちから40年もオクレていたのです。
けれど、もう安心！
アンネの出現は一挙に、このオクレをとりもどしました。この種の製品が、オートメ化した近代的工場で、衛生的に量産《マスプロ》されるのは、日本では全く初めてです。
発売前307名のモニターの結果も、発売後に皆さまから寄せられたナマの報告も、アンネナプキンのすばらしい効果を確認しています。
●吸収力は脱脂綿の5倍以上。モレ、よごれの心配なく快適●コンパクトタイプ（小型）で外出、通学、勤務に便利●1個ずつポリエチ包装が便利で衛生的●においも消す強力殺菌剤ダイヤフェン配合●あらゆる水洗トイレに、そのままOK!!
●消費者の一人として……
発売早々、思わぬほどの売れゆきで、地域によっては品不足を生じたいへん恐縮いたしておりますがいよいよ本格的量産体制に入りましたので、この状態も間もなく解消できることと存じます。
〈消費者は王様〉と申しますが、私も消費者の一人として、画期的な生理用品の誕生を、こころから喜んでおります。
アンネ株式会社 社長 坂井泰子 (27才)
新発売
12コ入り 100円
ニュータイプの生理用品
アンネナプキン
姉妹品／新しい生理用PANTY
パンネット
ウーリーナイロンでネット状に作った、おしゃれな生理用PANTY 絶対ズレません。布地を使わないフリーサイズで、冬あたたかく、ムレません。 定価150円
＊くわしい説明書をさしあげます。おハガキください。（年令・職業記入）
アンネ株式会社ＰＲ課〈ＮＡ係〉 東京都中央区銀座西8の9
＊ 有名デパート、薬局、薬店、化粧品店、雑貨店で“アンネ”とご指定ください。

昭和36年11月28日（朝日）

不二家のミルキー
シャープ テレビ
ROYAL CROWN COLA
警察予備隊員
昭和27年
5月5日
三菱テレビ
新発売
アーモンド グリコ
ALMOND GLICO
クラウンコーラ
人形をさしあげます
グリコ ファイブ
ビスコ
冷蔵庫
3つのスピーカーから
ゆたかな立体音
テレビは
サンヨー
新学期には先ず駆虫!
アスキス
洗濯のテキスト
日立電気洗濯機
いわし料
もう出しましたか?
不二家の
フランスキャラメル
Toshiba
鮮明な画像……
伝統の技術
奥さまの声をたえず設計にとり入れています!
スーパー噴流式
サンヨー洗濯機
雪印のおやつ
多年に亘る研究の成果!
東芝テレビセット
話題の中心
スピードをとらえる……
リコーS2
新発売
RICOH
キング

第三章

家電の広告

家電・三種の神器

昭和三十年代中ごろ、爆発的な広がりを見せた家電があった。テレビ、冷蔵庫、そして洗濯機（一部に掃除機説もあり）の、いわゆる「三種の神器」だ。

わが家を例にあげると、最初に購入したのがテレビで、次が冷蔵庫。どちらも昭和三十三年だったが、翌年には洗濯機も買っていた。同じようなペースで三種の神器をそろえた家庭は、けっこう多かったんじゃないかと思う。思い返してみると、扇風機がやってきたのも、このころだった。

テレビが来て以来、それまでは家族でよく聴いていたラジオの出番がめっきり減ってしまった。トランジスタの発明によって小型化され、昭和三十年代に入ってさらにコンパクトになったこともあって、一家団欒の時間に聴くよりも、家事や手仕事、勉強中など、「個人のお伴」になることのほうが増えていったのではないだろうか。

昭和四十年代になると、新たな三種の神器といえる「3C」なんて新語ができた。「カー（自動車）」「クーラー」「カラーテレビ」で「3C」である。

＜黎明期の三種の神器＞

「寒さも苦にならないお洗濯」（伊勢丹）
（ナショナル・デンソー）
昭和28年1月22日（朝日）

東芝テレビセット
昭和28年1月29日（毎日）
テレビ本放送が始まる3日前の、
新聞初のテレビの広告

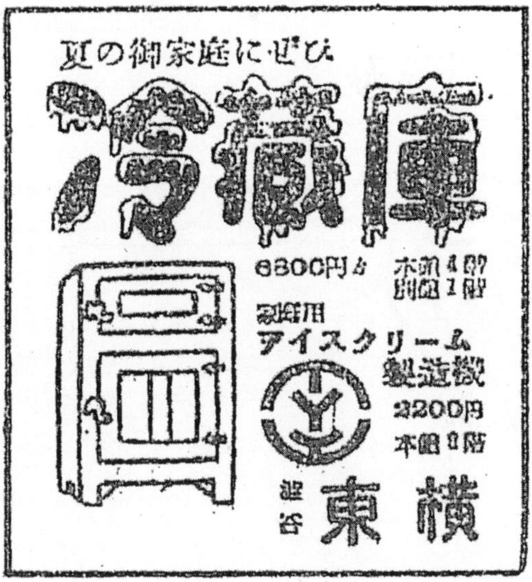

冷蔵庫・家庭用アイスクリーム製造機（渋谷 東横）
昭和24年5月19日（朝日）
イラストは中に氷を入れて冷やすタイプの冷蔵庫

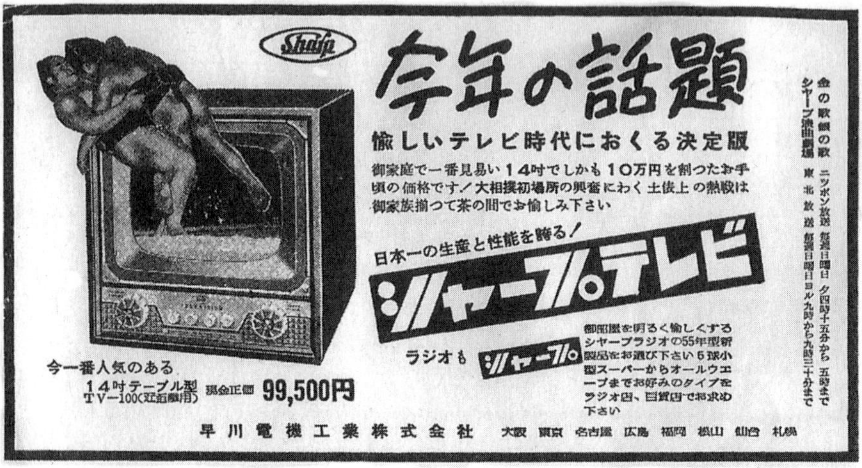

シャープテレビ　昭和29年1月19日（朝日）

マチダひとこと
MEMO

昭和33年にわが家が初めてテレビを購入したのには理由がある。翌年に行なわれた皇太子殿下（今上天皇）御成婚式を見るためだ。先の東京オリンピックもこれで見たのだけれど、モノクロだったから、日本選手団のブレザーが深紅といわれてもまったくわからず、かなり残念な思いをした。

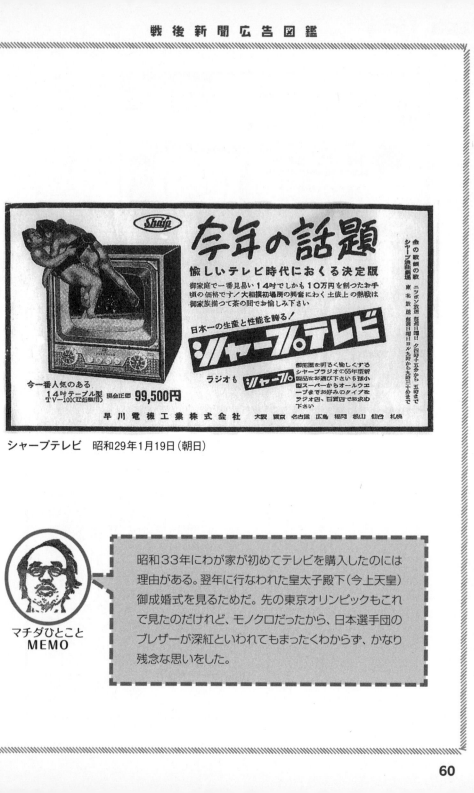

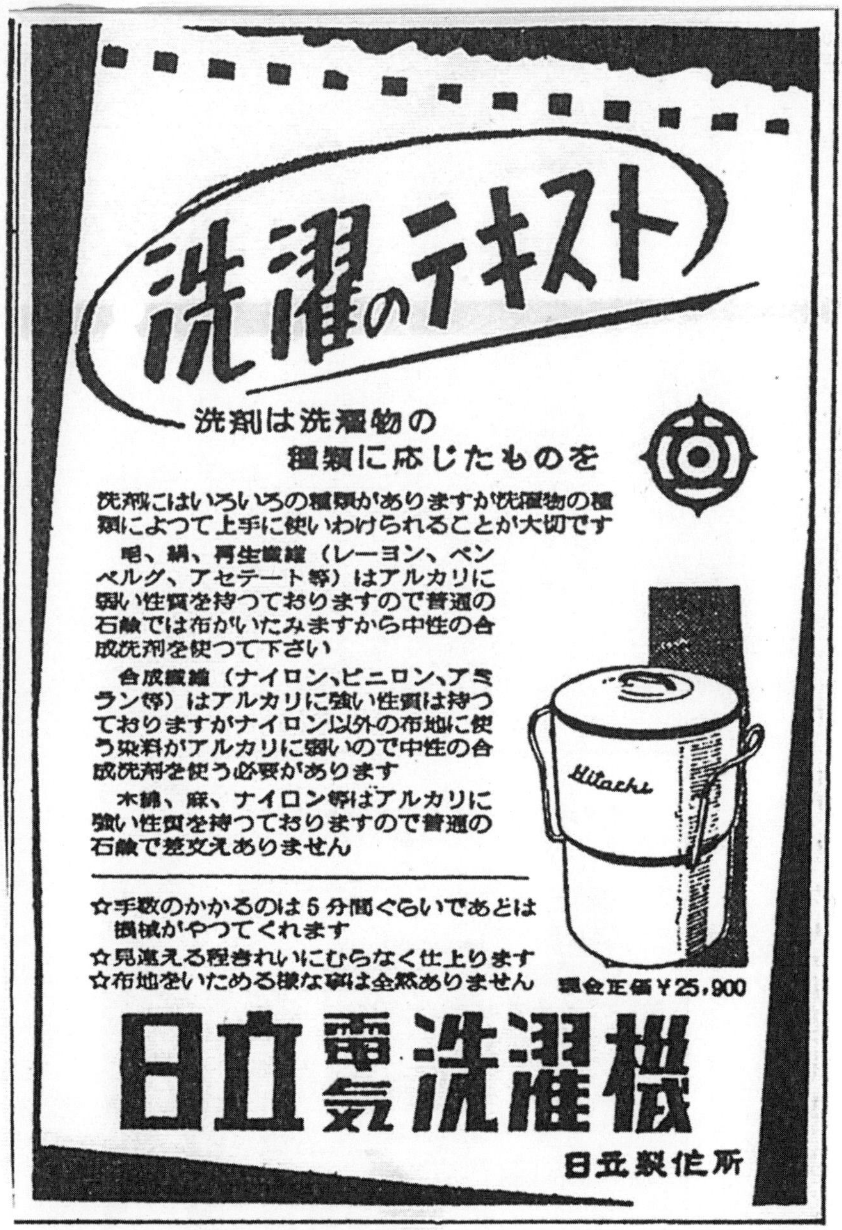
洗濯のテキスト
洗剤は洗濯物の
種類に応じたものを
洗剤にはいろいろの種類がありますが洗濯物の種類によつて上手に使いわけられることが大切です
毛、絹、再生繊維（レーヨン、ベンベルグ、アセテート等）はアルカリに弱い性質を持つておりますので普通の石鹸では布がいたみますから中性の合成洗剤を使つて下さい
合成繊維（ナイロン、ビニロン、アミラン等）はアルカリに強い性質は持つておりますがナイロン以外の布地に使う染料がアルカリに弱いので中性の合成洗剤を使う必要があります
木綿、麻、ナイロン等はアルカリに強い性質を持つておりますので普通の石鹸で差支えありません
☆手数のかかるのは5分間ぐらいであとは機械がやつてくれます
☆見違える程きれいにむらなく仕上ります
☆布地をいためる様な事は全然ありません
Hitachi
現金正価￥25,900
日立電気洗濯機
日立製作所

日立電気洗濯機　昭和30年3月24日（朝日）

テレビ

テレビの本放送は、昭和二十八（一九五三）年二月一日にスタートした。当初の受信契約者数は、全国でたった八百六十六名。大卒サラリーマンの初任給が一万五千円程度という時代に、一台約三十万円もしたのだから、当然といえば当然だろう。

そんな高額のテレビも、価格が下がるとともに、見る見るうちに普及していく。わが家がテレビを購入した昭和三十三年当時の広告を見ると、ほとんどが七万円前後となっている。七万円とて、いまとの物価の違いを考えれば決して安くはない。けれども、昭和二十九年、日本初の国際プロレス試合として、力道山・木村政彦対シャープ兄弟戦が中継された際、新橋駅前広場の街頭テレビに二万もの人が集まったなんて時代から考えれば、テレビがお茶の間の娯楽として定着しつつあったのは間違いない。

ちなみに、街頭テレビの時代、東京・北千住にある銭湯「タカラ湯」で男女の脱衣場の境にテレビを置いたところ、客が殺到し、ついに境界の壁が倒れてしまったことがあったそうな。

リキがんばれ！
国際プロレス大試合
白熱したリングの激闘をそのまま
お伝えする三菱テレビ……
黒人世界チャンピオン
ボボ・ブラジル
ダニー・プレッチス
ロード・レートン
東富士・遠藤幸吉ほか
14T—600（11チャンネル付）
正価 ¥75,800
月賦 ¥83,000
テレビファンの長い間の夢………なまの美しい音色で映画のように明るい画面………これをいっぺんに解決したのが、この新しい前面スピーカーつき14インチ三菱テレビです。
ハイファイできける前面スピーカー方式
三菱テレビ
三菱電機株式会社
力道山
全アジア・全日本チャンピオン
三菱電機提供テレビ中継
国際プロレス大試合
・8月13日午後9時15分より
CBC・NTV・HBC
・8月14日午後8時15分より
NTV・OTV
CBC・HBC
ネットでお送りいたします

三菱テレビ　昭和32年8月17日（毎日）
テレビの広告にも力道山が登場。当時のテレビは、いまなら百万円はするという高級品だった

【全面広告】　昭和33年5月8日　木曜日　朝日新聞　(10)
新発売
どこからみても
あふれる実感
球面拡大スクリーンを採用
14吋 高性能 遠距離型
T−14C1
66,500円
テレビは
ナショナル
松下電器産業株式会社
シャープテレビの全国ご愛用台数は現在30万台です　このようにテレビならシャープ！とわが国でいちばんご信頼頂いているのも昭和6年以来の長い研さんとわが国初のTV放送開始に先立つ豊かな製造経験に基づいているからです
TV−710型
65,000円
シャープ。テレビ
早川電機工業株式会社　シャープ電機株式会社
裸の王様
が横綱力士なら
テレビの王様は
ゼネラルテレビ
14吋ユニバーサルビジョン
69,300円
テレビは　ゼネラル
八欧電機株式会社・ゼネラル商事株式会社
スエーデンへ
テレビの大使
Toshiba
東芝
テレビ
NHKテレビ　視聴加入契約数　100万台突破は何月何日か？
昭和28年2月、NHKによってわが国最初のテレビ放送がはじめられましたが、放送開始当初866台に過ぎなかったテレビ受信者数も近く100万台を突破しようとしています。
放送局の数も現在NHK18局、商業局6局に達し、わが国世帯数の約6割がテレビを見ることができ、昨年郵政省から発表されたテレビチャンネルプランによると、NHK、商業局あわせて108の放送局が設けられることになり、これができるとアメリカに次ぐ世界第二位のテレビ国となります。右の図の通り4月20日現在のテレビ加入契約数は全国で948,121台に達し、5月中の100万台突破は確実となりました。応募規定をごらんの上、ふるって多数のご応募をお待ち致しております。
年度別増加状況
最近の増加状況
813,381
868,937
906,777
1月　2月　3月　4月
26　29　30　31　32　33
昭和33年4月20日現在(台数)
948,121
19,895 札幌
14,032 仙台
414,014 東京
142,061 名古屋
278,925 大阪
28,040 広島
39,558 熊本
10,587 松山
懸賞募集
ナマそのままの
音と映像
NEC
テレビ
新日本電気株式会社
日本電気株式会社
放送機から受像機までオールNEC！
家庭用標準型
日立
テレビ
14吋 家庭用標準型
68,500円
NTV・OTV・CBC・TV・HBC・TV・RKB・TVネットワーク
テレビは
サンヨー
をお選び下さい…
14吋−H2型
68,000円
三洋電機株式会社
1対1の感じです！
新発売
三菱テレビ
三菱電機株式会社

「100万台突破は何月何日か？」　昭和33年5月8日（朝日）
朝日新聞による懸賞広告

コロムビアテレビ
昭和32年10月25日
（朝日）

ファン待望の日本シリーズ開幕！
ジャイアンツ
僕、うんと頑張るよ！ ものすごいホームランを鮮明な映像のコロムビア・テレビで皆さんに見てもらうよ……
マークが保証する
Columbia
最高の安定度！
それは…
厳密な品質管理方式の採用により、飛躍的に安定度が向上しているからです。回路は30,000分の1秒の精度を誇る完全インターレース・システムですから常に安定した鮮明な映像が得られ又、高性能楕円形スピーカーを前面に取りつけてありますので臨場感のあるハイ・ファイ音が楽しめます。
14吋広角遠距離型 14-T213 現金正価 75,600
コロムビアテレビ
カタログ贈呈
東京都千代田区内幸町 日本コロムビア株式会社宣伝部

近づく3月場所を身近に楽しめる…
十五日間の力闘を明るいハイファイ映像のシャープテレビで！ まるで ご家族そろって土俵ぎわの特別席に招待されたような素晴しいテレビのだいご味…
映像にマッチした高性能スピーカーのダイナミックな立体音が大相撲の興趣を一そうもりあげます
家庭用には14吋テレビ 営業用には17吋か21吋テレビをお備え下さい
アフターサービスも完全ですから いつまでも安心してお楽しみいただけます
この押ボタン式テレビは…特に これからのテレビ局増加に備えた新設計で 選局がとても簡単にできます
14吋超遠距離用 "プロシオン" TB-五〇型
現金正価 73,000円
シャープ。テレビ
Sharp
早川電機工業株式会社
営業用としても好適な…
現金正価99,500円
一月賦正価105,500円
現金正価66,500円
一月賦正価69,500円

シャープテレビ
昭和33年3月5日（朝日）
ボディは木製

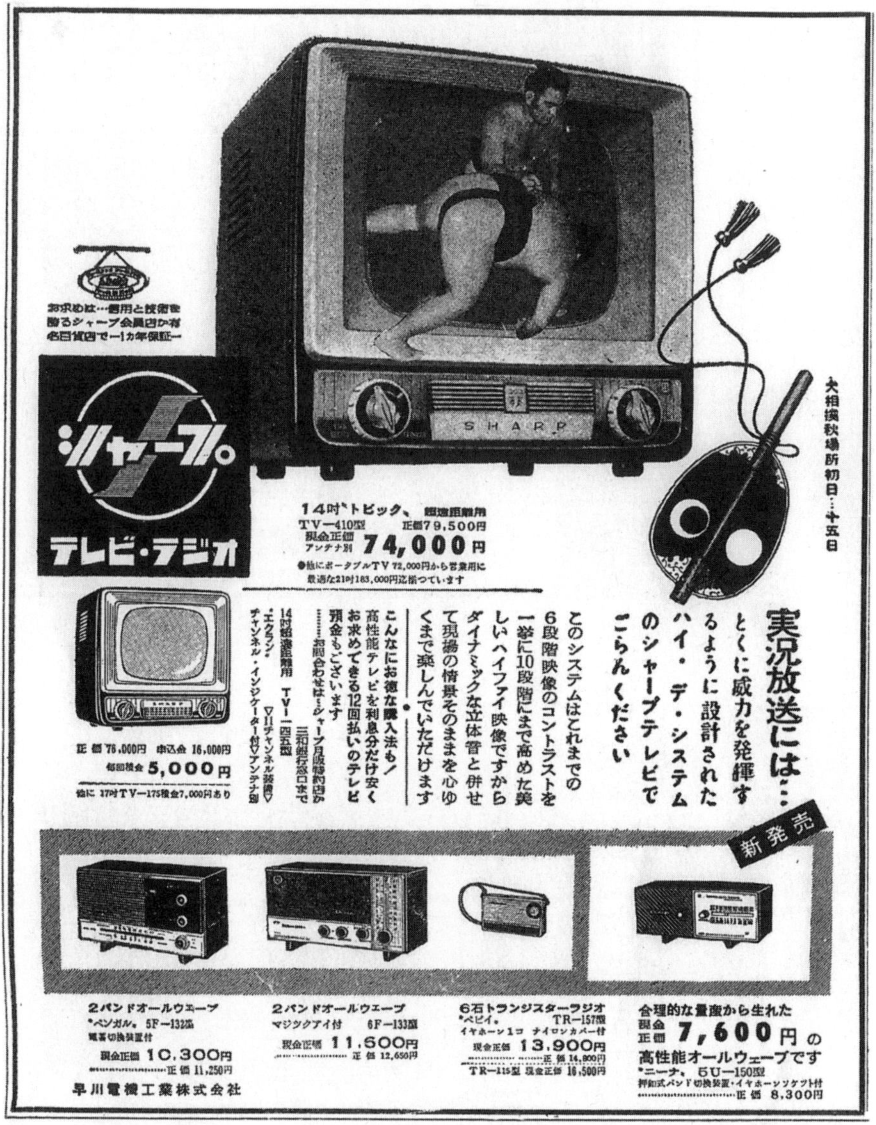

シャープ テレビ・ラジオ　昭和32年9月11日（朝日）

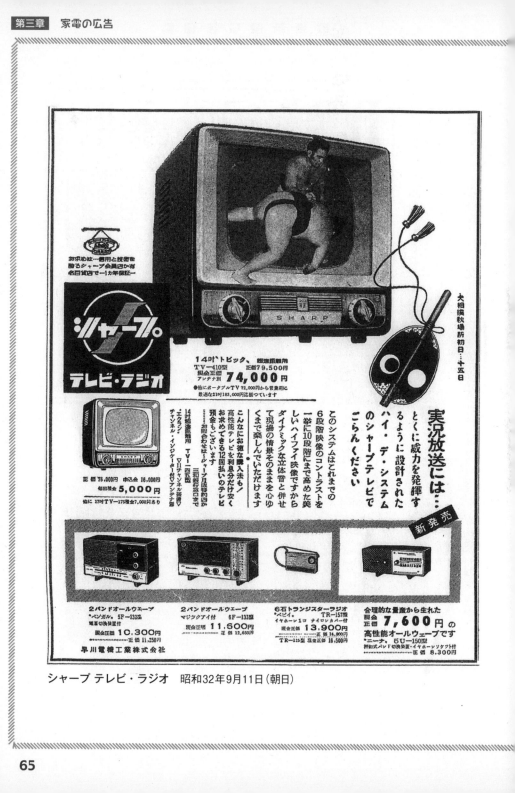

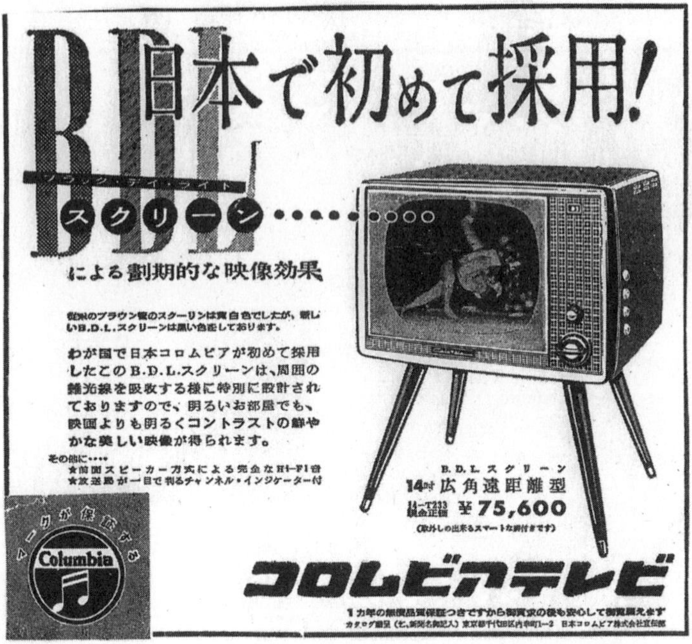

コロムビアテレビ　昭和33年5月6日（朝日）

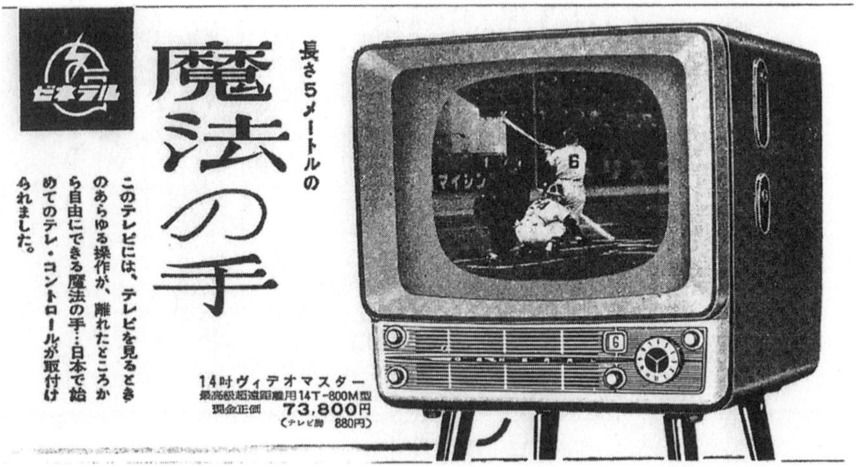

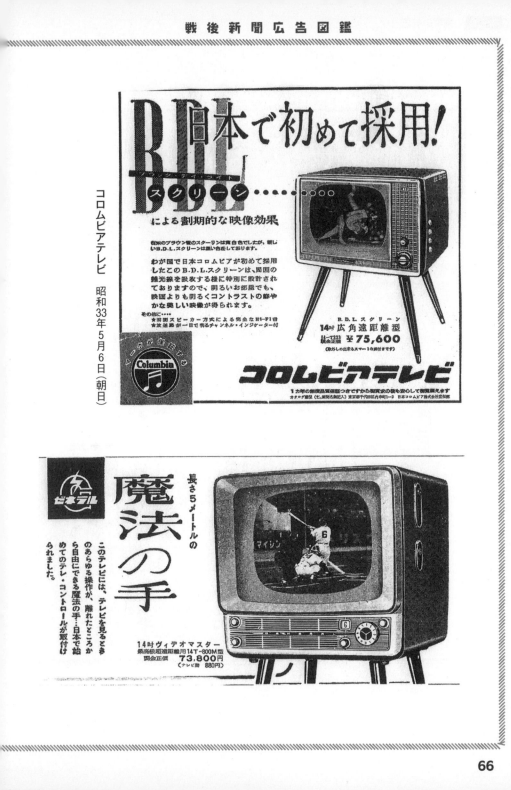

三菱テレビ　昭和33年8月13日（朝日）

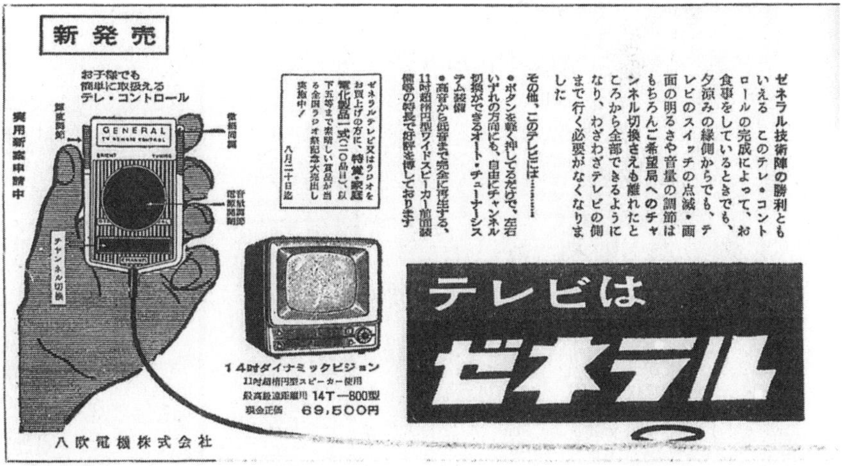

ゼネラルテレビ　昭和33年8月10日（朝日）
コードつきのコントローラーでチャンネルを操作

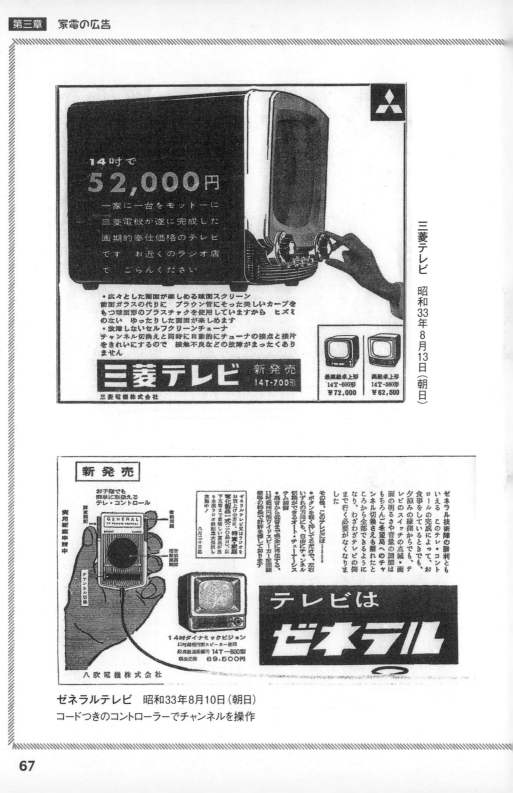

シャープテレビ
昭和33年5月3日（朝日）

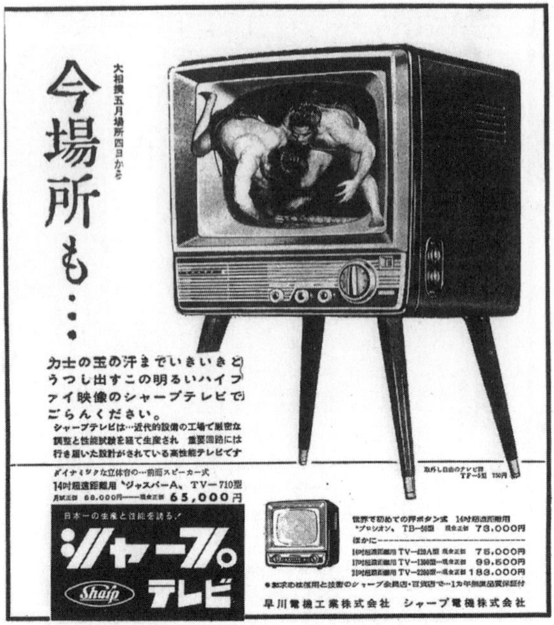
大相撲五月場所四日から
今場所も…
力士の玉の汗までいきいきとうつし出すこの明るいハイファイ映像のシャープテレビでごらんください。
シャープテレビは…近代的設備の工場で厳密な調整と性能試験を経て生産され 重要回路には行き届いた設計がされている高性能テレビです
ダイナミックな立体音の…前面スピーカー式
14吋超遠距離用〝ジャスパーA〟TV－710型
65,000円
日本一の生産と性能を誇る！
シャープ。
Sharp
テレビ
世界で初めての押ボタン式 14吋超遠距離用
〝プロシオン〟TB－50型 73,000円
ほかに
TV－420A型 75,000円
TV－1300型 99,500円
TV－2300型 183,000円
早川電機工業株式会社 シャープ電機株式会社

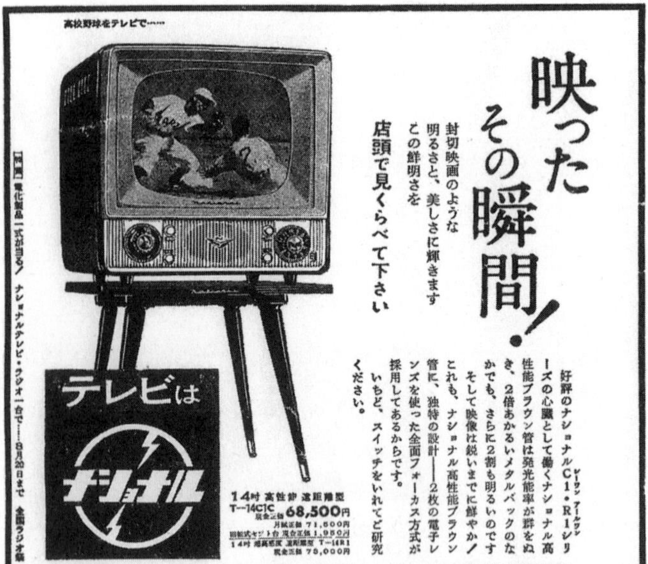
高校野球をテレビで……
映ったその瞬間！
封切映画のような明るさと、美しさに輝きますこの鮮明さを
店頭で見くらべて下さい
好評のナショナルC1・R1《シーワン アールワン》シリーズの心臓として働くナショナル高性能ブラウン管は発光能率が群をぬき、2倍あかるいメタルバックのなかでも、さらに2割も明るいのです
そして映像は鋭いまでに鮮やか！これも、ナショナル高性能ブラウン管に、独特の設計――2枚の電子レンズを使った全面フォーカス方式が採用してあるからです。
いちど、スイッチをいれてご研究ください。
電化製品一式が当る！ ナショナルテレビ・ラジオ一台で……8月20日まで
テレビは
ナショナル
14吋 高性能 遠距離型
T－14C1C
68,500円
14吋 T－14R1
75,000円
1カ年間、無償で品質を保証
松下電器産業株式会社

ナショナルテレビ 昭和33年8月15日（朝日）

スイッチひとつで…
すっきりとゆるがぬ画面
十四T—三八〇型はスイッチの切りかえ一つで近距離、遠距離にマッチしたすっきりとゆるがぬ映像が得られます。
ハイファイ・スピーカーが前面についていて音と映像が美しく調和し、スポット焼け保護装置付ブラウン管の寿命は非常に長く雑音が入らず、ダイヤルは十二チャンネル、脚の取り外しも自由です。
「全ラ連主催」全国ラジオ祭協賛
ビクターテレビ
抽せん券付売出し中！
陶製「犬」の置物贈呈。詳細はビクター特約店へ（期間8月20日まで）
14吋超遠距離用
14T-380型
現金正価
¥69,500
脚(FT-1)¥800
"HIS MASTERS VOICE"
世界のマーク
ビクター
ラジオ、電蓄、レコード、拡声装置
ほかに 14吋遠距離用 14T-580型 現金正価 ¥66,500

ビクターテレビ　昭和33年8月8日（朝日）

音色の美しい
三菱 トランジスタ ラジオ
6X300形(革ケース付)トランジスタ6石使用
正価 九、九〇〇円
はえある 栄冠は？
手に汗にぎる投・打の表情を居ながらに満喫できる・・・・
映像が抜け出るように迫る明るく広いデラックス・スクリーン ひずみのない ハイ・ファイ音が生きている前面スピーカ ここから生れる美しい映像と音が一つに融けあって 高校野球ファン待望の熱血の球児たちの熱と若さにあふれたプレーをすばらしい迫力でお伝えします
三菱テレビ
三菱電機株式会社
14吋卓上形 (14T−560形)
¥68.500

三菱テレビ　昭和33年8月13日(朝日)

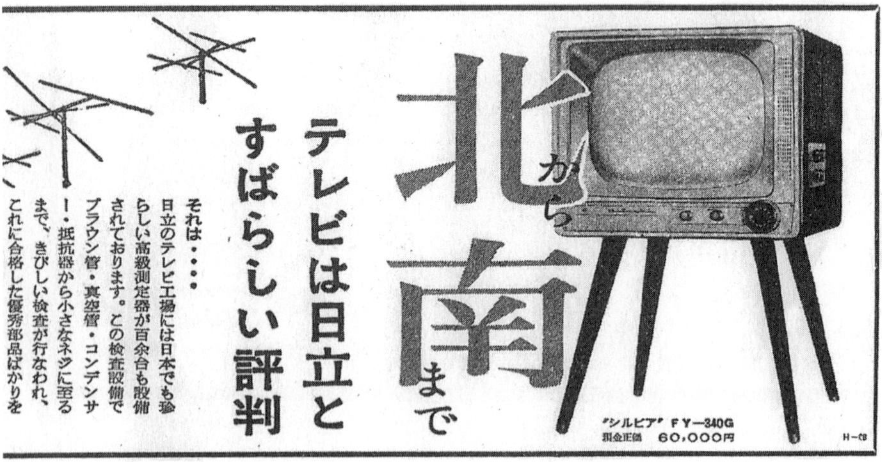

北から南まで
テレビは日立とすばらしい評判
それは・・・・
日立のテレビ工場には日本でも珍らしい高級測定器が百余台も設備されております。この検査設備でブラウン管・真空管・コンデンサー・抵抗器から小さなネジに至るまで、きびしい検査が行なわれ、これに合格した優秀部品ばかりを
"シルビア" FY−340G
現金正価 60,000円

3つのスピーカーから
ゆたかな立体音
日本で初めて 3つのスピーカーを正面につけました これで高・中・低音をのこらず再生します しかも3つのスピーカーから出るそれぞれの音が 一つの立体音となって じかにあなたに迫り 画像を一層ひき立てます
右 中・低音用（楕円形タテ14吋・ヨコ3.5吋）
中 高音専用（円型3吋）
左 中・低音用（長楕円形タテ14吋・ヨコ3.5吋）
この生きた音を活用して…
●レコードプレヤーの接続でハイ・ファイ電蓄になり
●FMチューナーをつなぐと FM放送もきけます
14吋 F1型《エフワン》 超遠距離用 12チャネル
現金正価 73,000円 木製脚つき
14吋 H3型 超遠距離用 正価 60,000円
14吋 H2型 超遠距離用 正価 68,000円
17吋 F50型 3スピーカー 正価 103,000円
サンヨーテレビ劇場
テレビは
サンヨー
三洋電機株式会社

サンヨーテレビ 昭和33年12月5日（朝日）

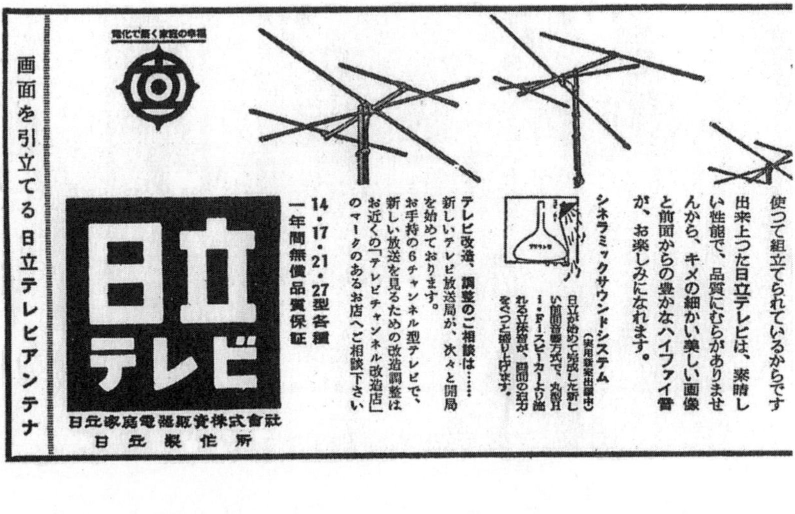
画面を引立てる日立テレビアンテナ
電化で開く家庭の幸福
使つて組立てられているからです
出来上つた日立テレビは、素晴しい性能で、品質にむらがありませんから、キメの細かい美しい画像と前面からの豊かなハイファイ音が、お楽しみになれます。
シネラミックサウンドシステム
テレビ改造、調整のご相談は……
新しいテレビ放送局が、次々と開局を始めております。
お手持の6チャンネル型テレビで、新しい放送を見るための改造調整はお近くの「テレビチャンネル改造店」のマークのあるお店へご相談下さい
14・17・21・27型各種
一年間無償品質保証
日立テレビ
日立家庭電器販賣株式會社
日立製作所

日立テレビ・アンテナ 昭和33年12月15日（朝日）

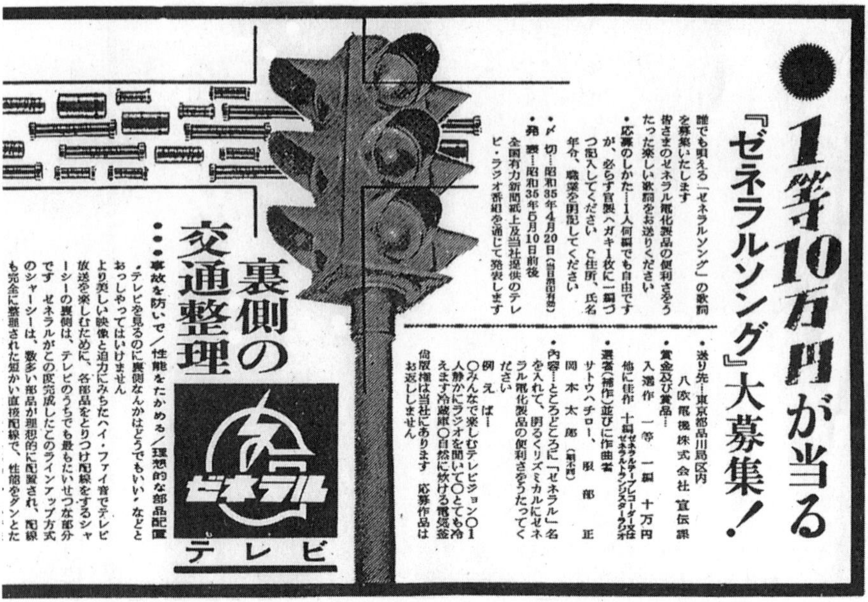
1等10万円が当る
『ゼネラルソング』大募集！
誰でも唄える「ゼネラルソング」の歌詞を募集いたします
皆さまのゼネラル電化製品の便利さをうたった楽しい歌詞をお送りください
・応募のしかた…1人何編でも自由ですが、必らず官製ハガキ1枚に一編づつ記入してください　ご住所、氏名年令、職業を明記してください
・〆切…昭和35年4月20日（当日消印有効）
・発表…昭和35年5月10日前後
全国有力新聞紙上及当社提供のテレビ・ラジオ番組を通じて発表します
・送り先…東京都品川局区内
八欧電機株式会社　宣伝課
・賞金及び賞品…
入選作　一等　一編　十万円
他に佳作　十編　ゼネラルテープレコーダー又はゼネラルトランジスターラジオ
・選者（補作）並びに作曲者
サトウハチロー、服部正
岡本太郎（順不同）
・内容…ところどころに「ゼネラル」名を入れて、明るくリズミカルにゼネラル電化製品の便利さをうたってください
例えば…
○みんなで楽しむテレビジョン○1人静かにラジオを聞いて○とても冷えます冷蔵庫○自然に炊ける電気釜
尚版権は当社にあります　応募作品はお返ししません
裏側の交通整理
…事故を防いで／性能をたかめる／理想的な部品配置
〝テレビを見るのに裏側なんかはどうでもいい〟などとおっしゃってはいけません
より美しい映像と迫力にみちたハイ・ファイ音でテレビ放送を楽しむために、各部品をとりつけ配線をするシャーシーの裏側は、テレビのうちでも最もたいせつな部分です　ゼネラルがこの度完成したこのラインアップ方式のシャーシーは、数多い部品が理想的に配置され、配線も完全に整理された短かい直接配線で、性能をグンとた
ゼネラル
テレビ

カラーテレビ＋人工頭脳
ナショナル
世界ではじめて〈人工頭脳テレビ〉を完成したナショナルのエレクトロニクス技術／
こんどは、カラーテレビにも〈人工頭脳〉を他に先がけて採用しました。
ナショナルカラーテレビは、10の自動調整装置と安定回路で、調整がアメリカ式とちがい、グンとたやすく、話題になっていますが……
さらに〈人工頭脳〉がプラスされて、いちばんむつかしい〈映像〉と〈色調〉の調整が、自動化されました。
つまり、ナショナル独特の精巧な電子装置（特許出願中）が、人間の能力より正確に働き、どこへチャンネルを切りかえても、自動的に色調・映像・音をベスト・コンディションに調整するわけです。
もちろん、色調は鮮やかで自然のまま、映像はきわだって鮮明。音は高音と低音、2つの専用スピーカーを使った〈2ウェイ方式〉で、迫力にみちみちたハイファイ音です。
松下電器産業株式会社
新発売
人工頭脳カラーテレビ
17型カラーデラックス　K17-30（カラー・白黒両用）
現金正価　420,000円

ナショナル 人工頭脳カラーテレビ　昭和35年11月27日（毎日）
当時白黒テレビが6万円ほどのときに、カラーはなんと42万円もした

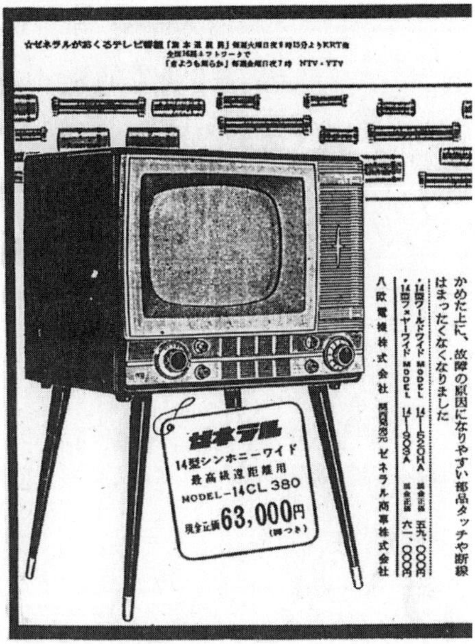

「『ゼネラルソング』大募集！」
昭和35年3月20日（毎日）

SONY マイクロテレビ　昭和38年5月3日（朝日）
ソニーは早くから小型テレビに力を入れていた

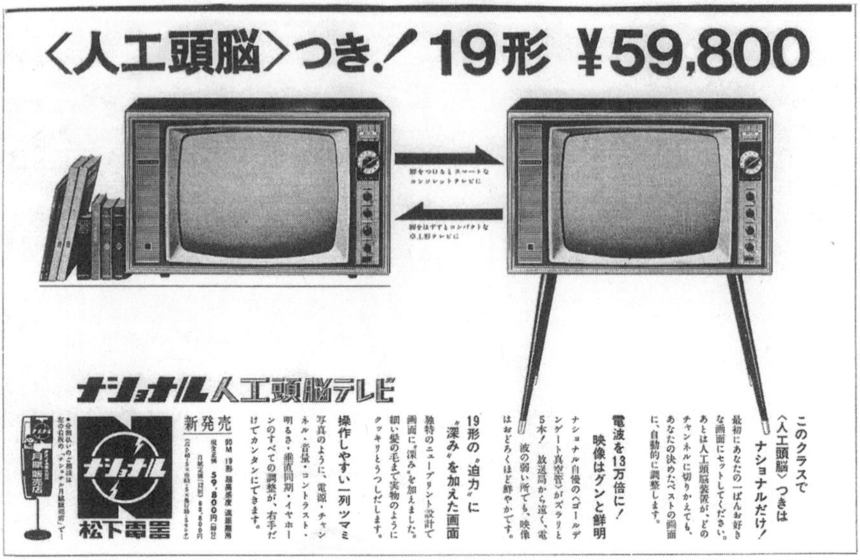
〈人工頭脳〉つき！ 19形 ¥59,800
脚をつけるとスマートなコンソレットテレビに
脚をはずすとコンパクトな卓上形テレビに
ナショナル人工頭脳テレビ
このクラスで〈人工頭脳〉つきはナショナルだけ！
最初にあなたの一ばんお好きな画面にセットしてください。あとは人工頭脳装置が、どのチャンネルに切りかえても、あなたの決めたベストの画面に、自動的に調整します。
電波を13万倍に！ 映像はグンと鮮明
ナショナル自慢の〈ゴールデンゲート真空管〉がズラリと5本！ 放送局から遠く、電波の弱い所でも、映像はおどろくほど鮮やかです。
19形の〝迫力〟に〝深み〟を加えた画面
独特のニュープリント設計で画面に〝深み〟を加えました。細い髪の毛まで実物のようにクッキリとうつしだします。
操作しやすい一列ツマミ
写真のように、電源・チャンネル・音量・コントラスト・明るさ・垂直同期・イヤホーンのすべての調整が、右手だけでカンタンにできます。
新発売
90M 19形 超高感度 遠距離用
現金正価 59,800円（脚付）
ナショナル
松下電器
月賦販売店

ナショナル 人工頭脳テレビ　昭和39年4月12日（朝日）

いまでいう「コンピューター」を「人工頭脳」と表現

（全面広告）
毎日新聞（夕刊）
昭和39年(1964年) 10月7日 (水曜日) 2版 (6)
燃えさかる聖火！
はためく日の丸！
土をけるスパイク！
水をきる強じんな腕！
ほとばしる汗、汗、汗…
この日の感動を三菱テレビで！
ダイナミカ 19 エース
現金正価 ¥59,800
〈19T−390〉 月賦正価 ¥63,000
映像は…最新の19形ワイドスクエアタイプのブラウン管が迫力ある映像を引きうけます
音は…NHKをはじめ各放送局で使われている三菱ダイヤトーンスピーカーを採用！
今日もあなたと共に
三菱電機
実感にあふれる映像を三菱カラーテレビで…
COLOR
カラット6
6CT−333 カラーテレビ
現金正価 ¥92,000
月賦正価 ¥98,000
月賦のご相談はこの看板のお店でどうぞ

ダイナミカ19エース（三菱電機）

昭和39年10月7日（毎日）

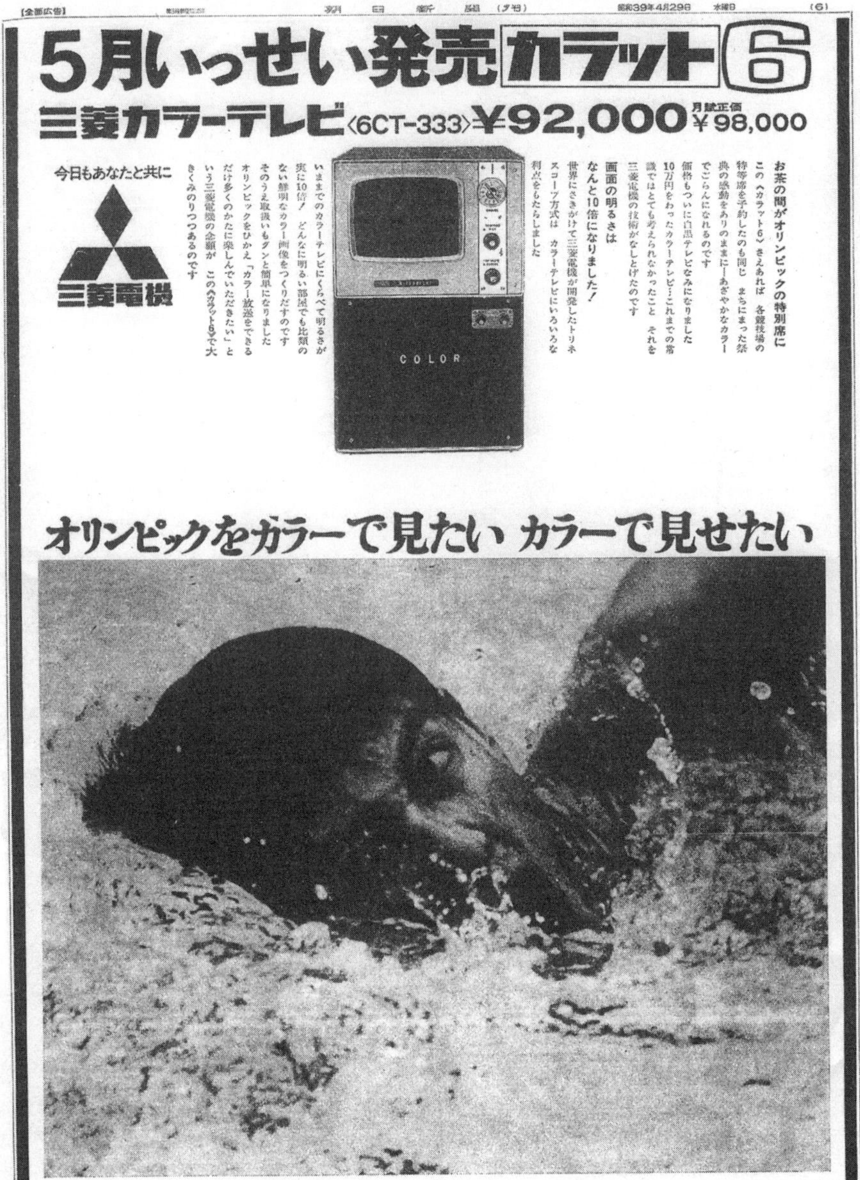
【全面広告】
朝日新聞（夕刊）
昭和39年4月29日　水曜日
（6）
5月いっせい発売 カラット6
三菱カラーテレビ〈6CT-333〉¥92,000
月試正価 ¥98,000
お茶の間がオリンピックの特別席に
この〈カラット6〉さえあれば　各競技場の特等席を予約したのも同じ　まちにまった祭典の感動をありのままに―あざやかなカラーでごらんになれるのです
価格もついに白黒テレビなみになりました　10万円をわったカラーテレビ…これまでの常識ではとても考えられなかったこと　それを三菱電機の技術がなしとげたのです
画面の明るさは
なんと10倍になりました！
世界にさきがけて三菱電機が開発したトリネスコープ方式は　カラーテレビにいろいろな利点をもたらしました
いままでのカラーテレビにくらべて明るさが実に10倍！　どんなに明るい部屋でも比類のない鮮明なカラー画像をつくりだすのです
そのうえ取扱いもグンと簡単になりました
オリンピックをひかえ「カラー放送をできるだけ多くのかたに楽しんでいただきたい」という三菱電機の念願が　この〈カラット6〉で大きくみのりつつあるのです
COLOR
今日もあなたと共に
三菱電機
オリンピックをカラーで見たい　カラーで見せたい

カラット6（三菱カラーテレビ）　昭和39年4月29日（朝日）

昭和35年には42万円したカラーテレビも、この年にはもう10万円を切るまでに安価となった。東京オリンピックに合わせて、この時期にカラーテレビを購入した家庭も多かった

豪打・美技を……
ビクターテレビ
ジャイアント 19
でみよう！
G－19型　ステレオタイプ
現金正価 ￥61,000
（月販価格 ￥64,100）
19T－940型
コンソールタイプ〈カスタム〉
現金正価 ￥75,000
（月販価格 ￥78,800）
ジャイアント・シリーズ
19T－840型 〈デラックス〉
現金正価 ￥69,500
（月販価格 ￥73,000）
欧米調のシックなコンソールタイプによる大画面19型。大型だ円スピーカーと高音専用スピーカーから、きわめてダイナミックな立体音が迫ります。「猫の目」とAFTの採用でピントも明るさも完全自動。2倍の感度をもつ電子頭脳つきです
HIS MASTERS VOICE
世界の
マーク
テレビはビクター
日本ビクター株式会社

ビクターテレビ　昭和39年8月9日（朝日）

マチダひとこと
MEMO

ビクターの有名なシンボルマークは、イギリスの画家フランシス・バラウドの兄が飼っていた愛犬ニッパーがモデル。亡き主人の声が聞こえる蓄音機に耳を傾ける姿を描いた絵「His Master's Voice」がもとになっている。陶器の置物は人気だったので、家にあったという人も多いのでは？

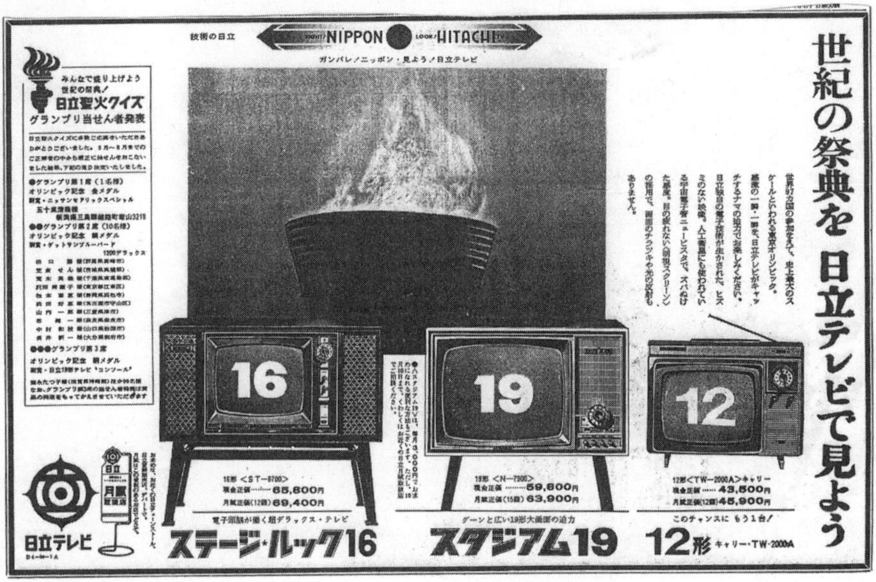
技術の日立
NIPPON
HITACHI
ガンバレ！ニッポン・見よう！日立テレビ
世紀の祭典を 日立テレビで見よう
世界97カ国の参加を得て、史上最大のスケールといわれる東京オリンピック。感激の一瞬・一瞬を、日立テレビがキャッチするナマの迫力でお楽しみください。日立独自の電子技術が生かされた、ヒズミのない映像。人工衛星にも使われている宇宙電子管ニュービスタで、ズバぬけた感度。目の疲れない〈明視スクリーン〉の採用で、画面のチラツキや光の反射もありません。
みんなで盛り上げよう 世紀の祭典！
日立聖火クイズ
グランプリ当せん者発表
16形 <ST-6700>
現金正価……65,800円
月賦正価(12回) 69,400円
電子頭脳が働く超デラックス・テレビ
ステージ・ルック16
19形 <N-7900>
現金正価……59,800円
月賦正価(15回) 63,900円
グーンと広い19形大画面の迫力
スタジアム19
12形<TW-2000A>キャリー
現金正価……43,500円
月賦正価(12回) 45,900円
このチャンスに もう1台！
12形 キャリー・TW-2000A
日立テレビ

「世紀の祭典を日立テレビで」
昭和39年10月6日（毎日）

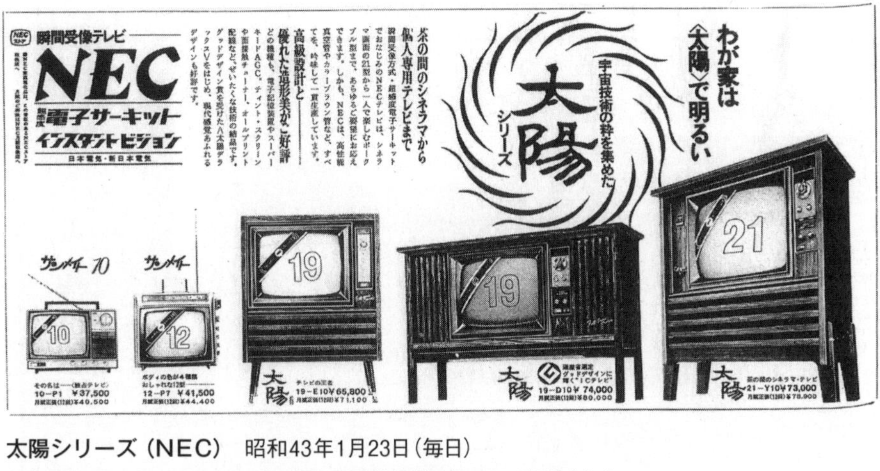
瞬間受像テレビ
NEC
電子サーキット
インスタントビジョン
日本電気・新日本電気
茶の間のシネラマから個人専用テレビまで
高級設計と優れた造形美がご好評
どの機種も、電子記憶装置やスーパーキードAGC、ティント・スクリーンや面接触チューナー、オールプリント配線など、ぜいたくな技術の結晶です。グッドデザイン賞を受けた〈太陽デラックスV〉をはじめ、現代感覚あふれるデザインも好評です。
わが家は〈太陽〉で明るい
宇宙技術の粋を集めた
太陽シリーズ
10-P1 ¥37,500
12-P7 ¥41,500
太陽
19-E10 ¥65,800
19-D10 ¥74,000
茶の間のシネラマ・テレビ
21-Y10 ¥73,000

太陽シリーズ（NEC）　昭和43年1月23日（毎日）

同年4月1日から、カラーテレビのための受信契約がNHKで新設された。
「太陽シリーズ」は、いわゆる家具調テレビ

洗濯機

「三種の神器」のうち、テレビがお茶の間に新たな娯楽をもたらしたとするなら、洗濯機はお母さんを家事から解放するのに一役買った電家製品といえるだろう。それまでは洗濯板でゴシゴシやっていたのを、すべて自動でやってくれるのだから、日本全国のお母さんがどんなに喜んだことか。

昭和二十年代後半から新聞広告に登場する洗濯機は、戦前から一部の家庭で使用されていた撹拌式と呼ばれるスタイルを引き継いでいる。

昭和三十年ごろになると、うずまき式、あるいは噴流式といった方式が出始める。いずれも価格は三万円前後で、テレビの半額程度ってところ。

このころの洗濯機でまず思い出すのは、洗濯物の絞り方だ。

いまのような脱水機能がなかったので、洗濯機の横にあるゴム製のローラーの間に洗濯物を挟み、ハンドルを回して絞るという単純な方式で水気を切っていた。洗濯機の蓋に絞った洗濯物を入れておけたりもした(次ページ左上の広告イラスト参照)。

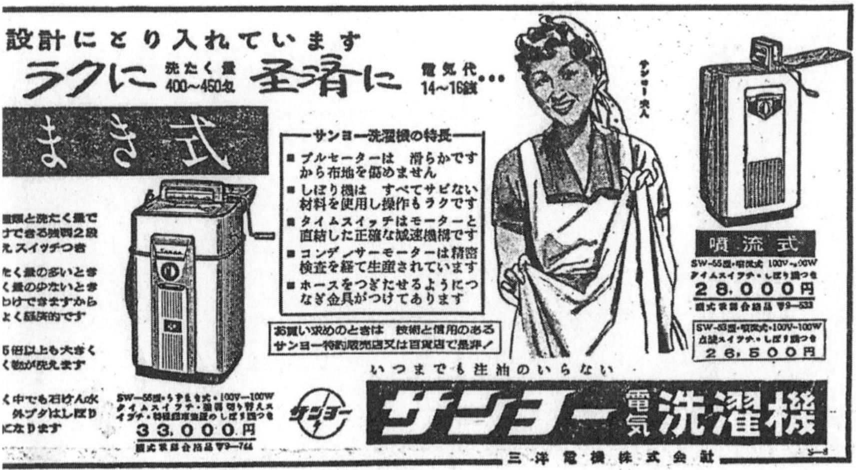
設計にとり入れています
ラクに 洗たく量 400~450匁
圣滑に 電気代 14~16銭…
まき式
サンヨー洗濯機の特長
■プルセーターは 滑らかですから布地を傷めません
■しぼり機は すべてサビない材料を使用し操作もラクです
■タイムスイッチはモーターと直結した正確な減速機構です
■コンデンサーモーターは精密検査を経て生産されています
■ホースをつぎたせるようにつなぎ金具がつけてあります
お買い求めのときは 技術と信用のあるサンヨー特約販売店又は百貨店で是非!
33,000円
噴流式
28,000円
26,500円
いつまでも注油のいらない
サンヨー 電気 洗濯機
三洋電機株式会社

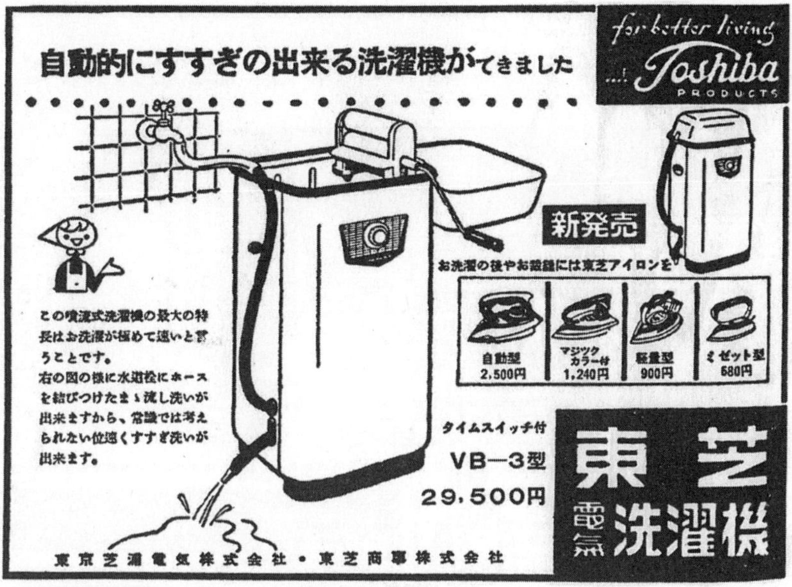
自動的にすすぎの出来る洗濯機ができました
for better living ...! Toshiba PRODUCTS
新発売
この噴流式洗濯機の最大の特長はお洗濯が極めて速いと言うことです。
右の図の様に水道栓にホースを結びつけたまゝ流し洗いが出来ますから、常識では考えられない位速くすすぎ洗いが出来ます。
お洗濯の後やお裁縫には東芝アイロンを
自動型 2,500円
マジックカラー付 1,240円
軽量型 900円
ミゼット型 680円
タイムスイッチ付
VB—3型
29,500円
東芝 電気洗濯機
東京芝浦電気株式会社・東芝商事株式会社

東芝電気洗濯機　昭和30年2月9日（朝日）
アイロンも同時にしっかり宣伝している

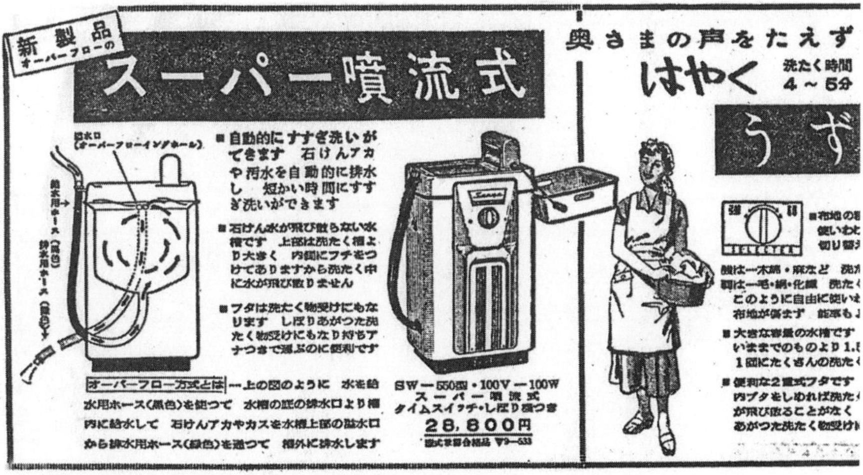
新製品 オーバーフローの
スーパー噴流式
■自動的にすすぎ洗いができます　石けんアカや汚水を自動的に排水し　短かい時間にすすぎ洗いができます
■石けん水が飛び散らない水槽です　上部は洗たく槽より大きく　内側にフチをつけてありますから洗たく中に水が飛び散りません
■フタは洗たく物受けにもなります　しぼりあがつた洗たく物受けにもなり持ちアナつまで運ぶのに便利です
オーバーフロー方式とは—上の図のように　水を給水用ホース（黒色）を使つて　水槽の底の排水口より槽内に給水して　石けんアカやカスを水槽上部の排水口から排水用ホース（緑色）を通つて　槽外に排水します
SW—550型・100V—100W
スーパー噴流式
タイムスイッチ・しぼり機つき
28,800円
奥さまの声をたえず
はやく
洗たく時間 4～5分
うず
■大きな容量の水槽です
■便利な2重式フタです

スーパー噴流式・うずまき式（サンヨー）
昭和32年9月4日（朝日）

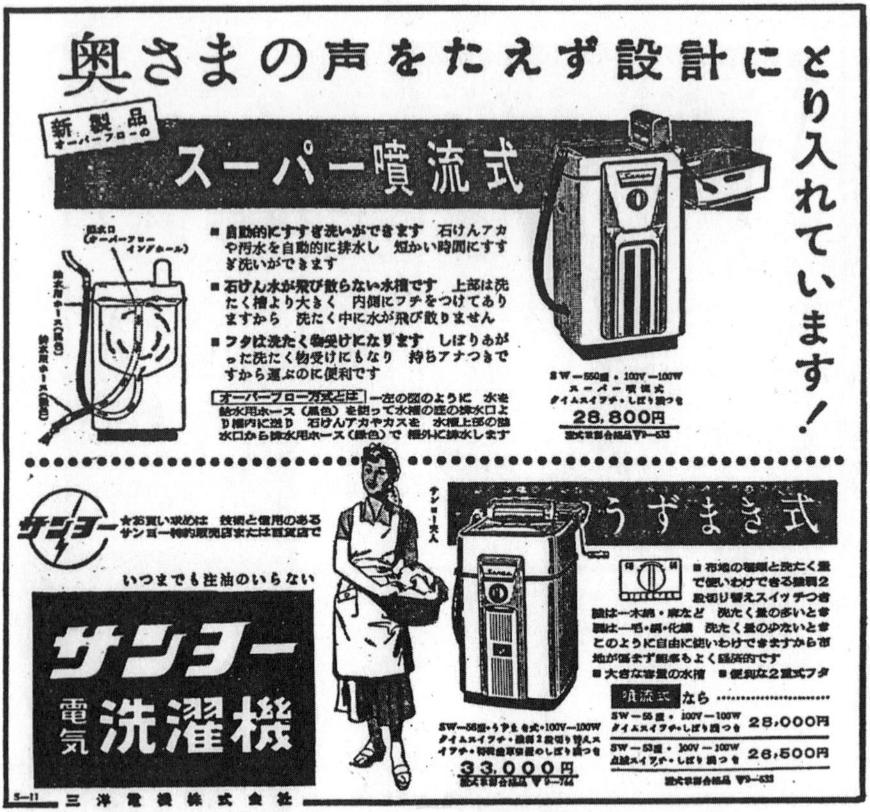

奥さまの声をたえず設計にとり入れています！
新製品
オーバーフローの
スーパー噴流式
■自動的にすすぎ洗いができます　石けんアカや汚水を自動的に排水し　短かい時間にすすぎ洗いができます
■石けん水が飛び散らない水槽です　上部は洗たく槽より大きく　内側にフチをつけてありますから　洗たく中に水が飛び散りません
■フタは洗たく物受けになります　しぼりあがった洗たく物受けにもなり　持ちアナつきですから運ぶのに便利です
28,800円
サンヨー
いつまでも注油のいらない
サンヨー
電気洗濯機
うずまき式
■大きな容量の水槽
噴流式なら
28,000円
26,500円
33,000円
三洋電機株式会社

スーパー噴流式・うずまき式（サンヨー）　昭和30年7月14日（朝日）

マチダひとこと
MEMO

サンヨーは、昭和28（1953）年に国内初の噴流式洗濯機を発売。同時に、CMに出た第一号女優でもある木暮実千代をモデルに起用。長年「サンヨー夫人」として親しまれた。71ページではテレビの、85ページでは冷蔵庫の広告にもサンヨー夫人が登場している。

大型うずまき式デラックス（サンヨー）
昭和32年8月21日（毎日）

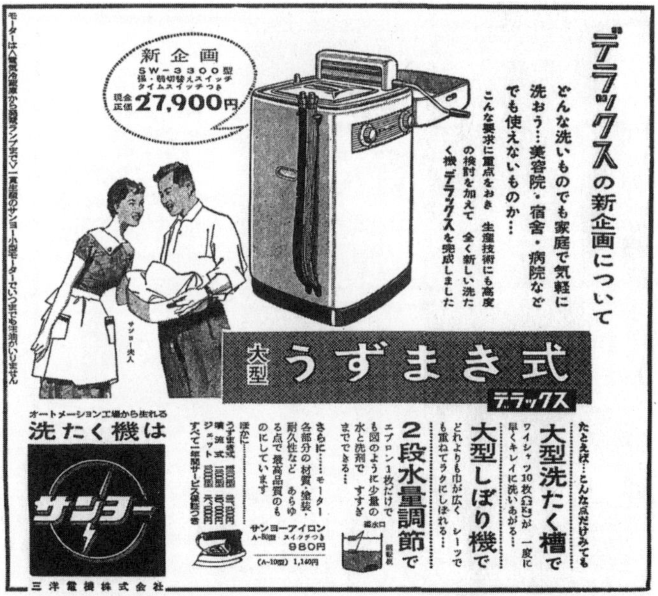

大型うずまき式デラックス（サンヨー）
昭和32年9月4日（朝日）

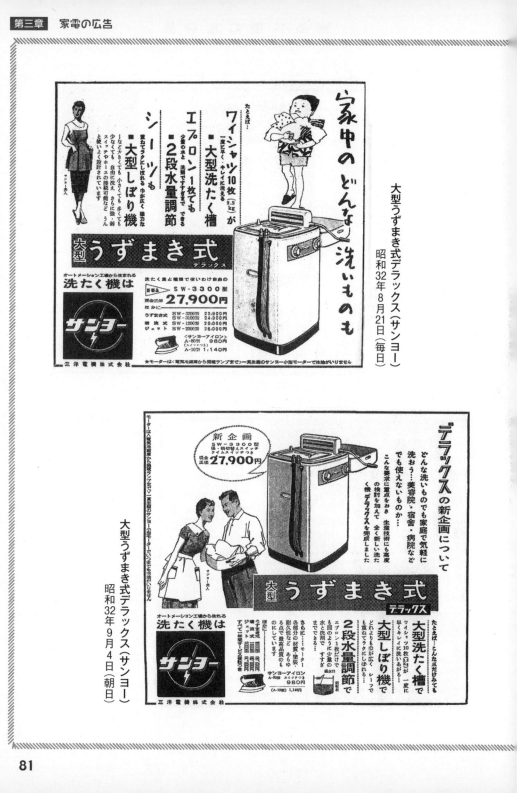

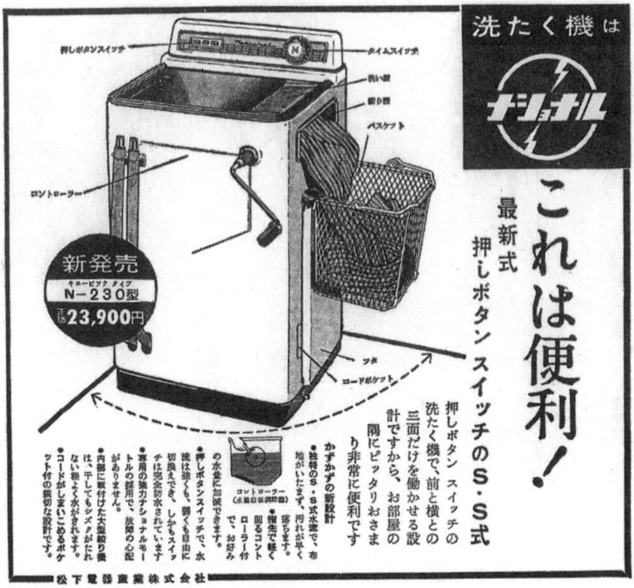

ナショナル洗たく機　昭和33年8月13日(朝日)
当時としては斬新な押しボタン式

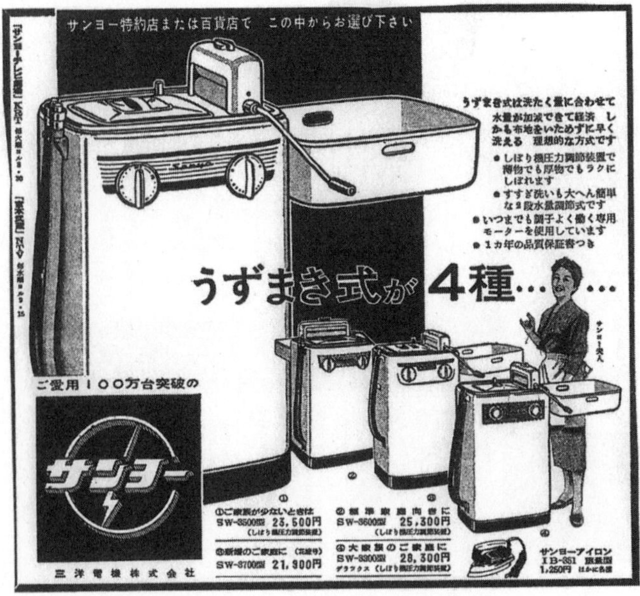

「うずまき式が4種……」(サンヨー)
昭和33年5月6日(朝日)

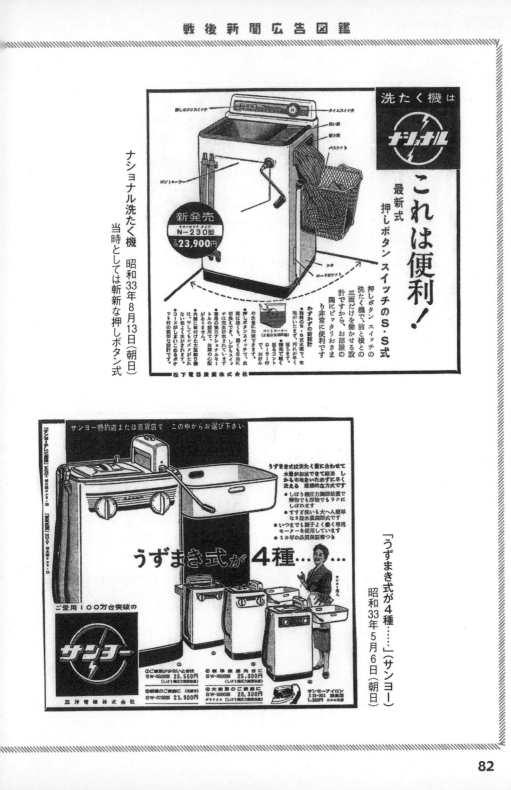

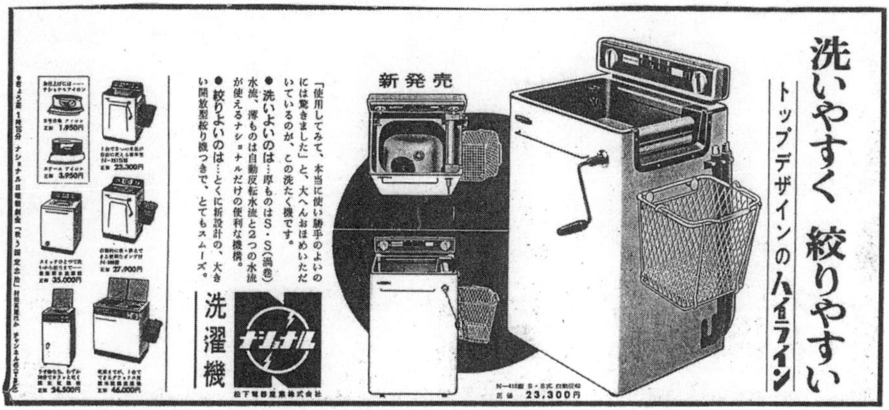

ナショナル洗濯機　昭和36年2月26日（毎日）
このころには、蓋を利用した洗濯物入れはすっかり姿を消している

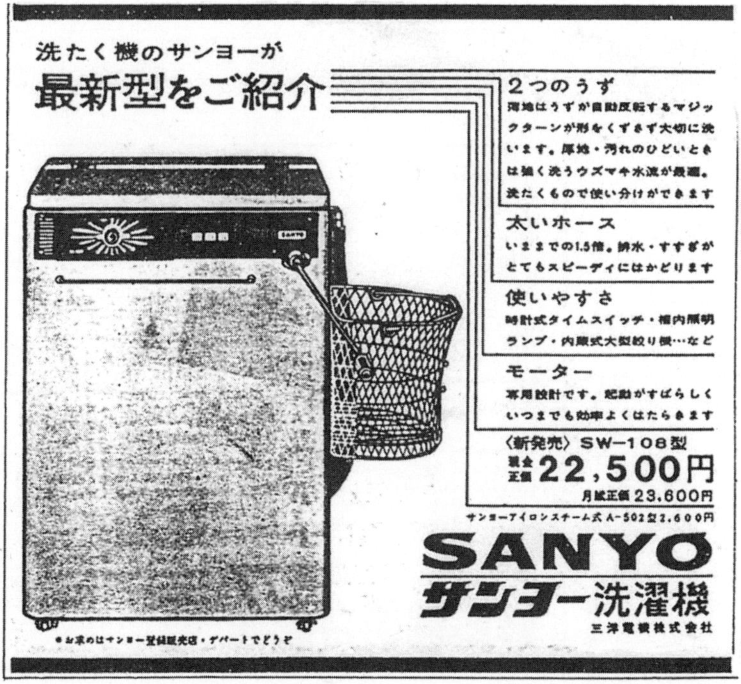

サンヨー洗濯機
昭和36年9月12日（朝日）

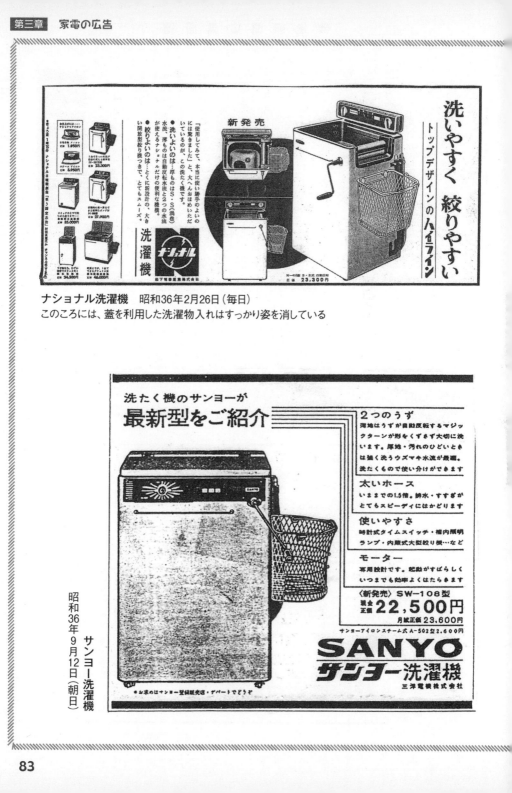

冷蔵庫

わが家にとって、電気冷蔵庫はテレビの次にうれしい家電製品だった。冷蔵庫が来るまでは、熱を出すと、氷屋さんから買ってきた氷をゴム製の水枕に入れて使っていたのに、自分の家で氷ができるようになるなんて！　おまけに、父親はいつでも冷たいビールが飲めるし、母親は生鮮食品の保存が楽になるし……。何もかもが、すごく新しいことに思えた。

ところで、三種の神器の中で、最も新聞広告の少ないのが電気冷蔵庫だった。これには、氷を冷気の源とする冷蔵庫がすでにある程度普及していたことが関係しているようだ。また、価格がほぼテレビと同じだったことも大きいだろう。食材は毎日商店街で買い、氷も氷屋から買えば一応は事足りるという当時の生活からすると、三種の神器の中で「これはいちばん後でいい」と判断された可能性も高い。

それでも、冷えた飲み物をストックできる、食料品の買い置きが可能、製氷機能があるなどの便利さから、瞬く間に生活に欠かせない電気製品となっていった。

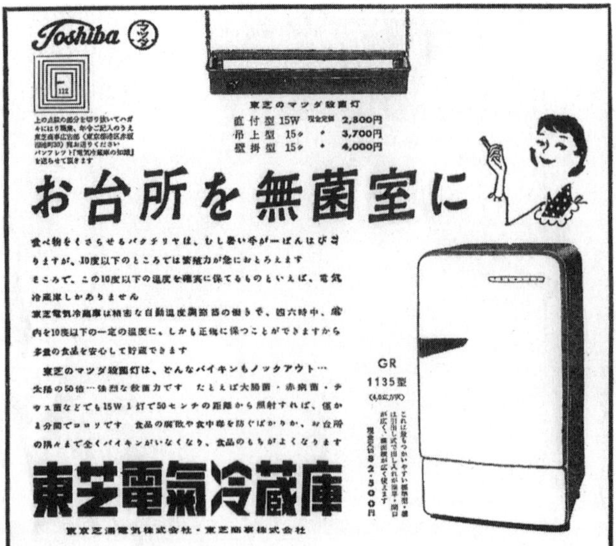
Toshiba
東芝のマツダ殺菌灯
直付型 15W 現金定価 2,800円
吊上型 15〃 〃 3,700円
壁掛型 15〃 〃 4,000円
お台所を無菌室に
食べ物をくさらせるバクテリヤは、むし暑い季が一ばんはびこりますが、10度以下のところでは繁殖力が急におとろえます
ところで、この10度以下の温度を確実に保てるものといえば、電気冷蔵庫しかありません
東芝電気冷蔵庫は精密な自動温度調節器の働きで、四六時中、庫内を10度以下の一定の温度に、しかも正確に保つことができますから多量の食品を安心して貯蔵できます
東芝のマツダ殺菌灯は、どんなバイキンもノックアウト…太陽の50倍…強烈な殺菌力です　たとえば大腸菌・赤痢菌・チフス菌などでも15W 1灯で50センチの距離から照射すれば、僅か1分間でコロリです　食品の腐敗や食中毒を防ぐばかりか、お台所の隅々まで全くバイキンがいなくなり、食品のもちがよくなります
GR
1135型
(4.0立方呎)
現金定価82,500円
東芝電氣冷蔵庫
東京芝浦電気株式会社・東芝商事株式会社
A-90-1

東芝電気冷蔵庫
昭和33年8月13日（朝日）

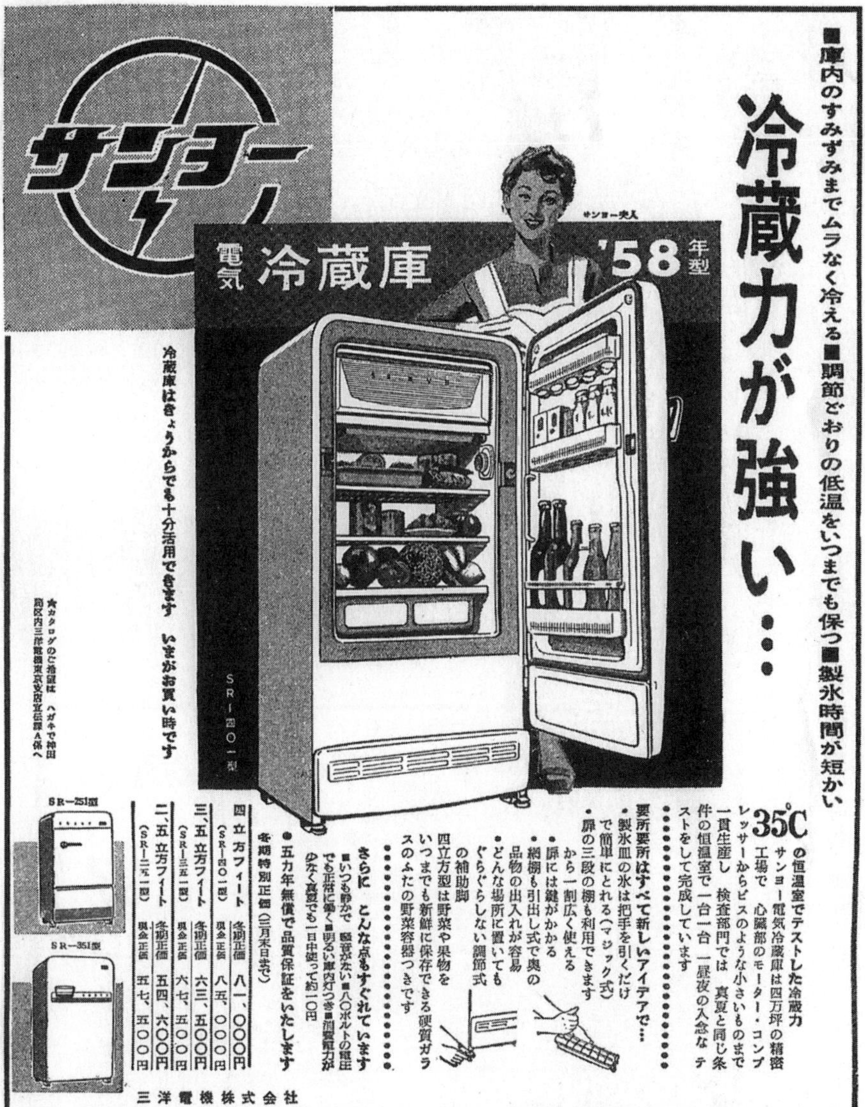
■庫内のすみずみまでムラなく冷える■調節どおりの低温をいつまでも保つ■製氷時間が短かい
冷蔵力が強い…
サンヨー
電気冷蔵庫
'58年型
サンヨー夫人
SR－四〇一型
35℃の恒温室でテストした冷蔵力
サンヨー電気冷蔵庫は四万坪の精密工場で　心臓部のモーター・コンプレッサーからビスのような小さいものまで一貫生産し　検査部門では　真夏と同じ条件の恒温室で一台一台　一昼夜の入念なテストをして完成しています
要所要所はすべて新しいアイデアで…
・製氷皿の氷は把手を引くだけで簡単にとれる（マジック式）
・扉の三段の棚も利用できますから一割広く使える
・扉には鍵がかかる
・網棚も引出し式で奥の品物の出入れが容易
・どんな場所に置いてもぐらぐらしない調節式の補助脚
四立方型は野菜や果物をいつまでも新鮮に保存できる硬質ガラスのふたの野菜容器つきです
さらに　こんな点もすぐれています
■いつも静かで　騒音がない■八〇ボルトの電圧でも正常に働く■明るい庫内灯つき■消費電力が少なく真夏でも一日中使って約一〇円
●五カ年無償で品質保証をいたします
冬期特別正価（三月末日まで）
四立方フィート（SR－四〇一型）　冬期正価　八一、〇〇〇円　現金正価　八五、〇〇〇円
三、五立方フィート（SR－三五一型）　冬期正価　六三、五〇〇円　現金正価　六七、五〇〇円
二、五立方フィート（SR－二五一型）　冬期正価　五四、六〇〇円　現金正価　五七、五〇〇円
冷蔵庫はきょうからでも十分活用できます　いまがお買い時です
★カタログのご希望は　ハガキで神田局区内三洋電機東京支店宣伝課A係へ
SR－251型
SR－351型
三洋電機株式会社

サンヨー電気冷蔵庫　昭和33年3月6日（朝日）

このころの冷蔵庫は、基本的にワンドア式。下部のモーター室が大きいため、庫内はかなり狭いことがわかる

ラジオ

ラジオの一般放送が始まったのは、大正十四年。戦前はまだ普及率が低かった。一般庶民にも購入できるようになったのは戦後になってからで、以来、急速な広がりを見せた。

　ラジオの新聞広告は、昭和二十年代よりも三十年代のほうが、はるかに登場頻度が高い。しかし、テレビに人気が移り、放送時間も長くなった結果、ラジオは補助的な情報入手の手段となってしまった感がある。だからといって、ラジオの需要が必ずしも薄れていったわけではない。コンパクトなトランジスタラジオの出現により、大型ラジオが減っていったのは事実だろうが、持ち運びが可能になったことで、ラジオは一人一台の時代に入ったのだと思う。一万円から二万円程度と、当時としては安くない価格ながらも、トランジスタラジオは、それなりに人気があったのだ。

　昭和四十年代には、若者向けの深夜ラジオ全盛の時代を迎えた。昨今はまた、ラジオは静かなブームともいわれている。この原稿を書きながらぼくも、ラジオを聴いている。

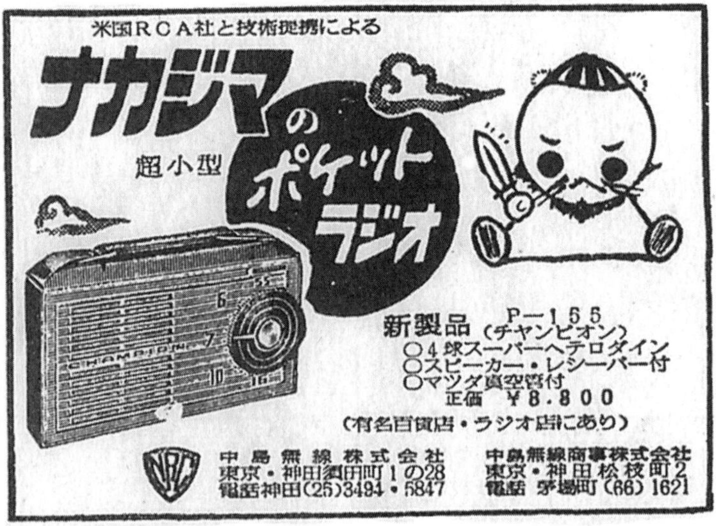

ナカジマのポケットラジオ
昭和30年1月8日(朝日)
小さいが真空管を利用している

新発売
SR-400
電池電灯線両用
¥8.800
(電池別)
スタンダード携帯ラジオ

スタンダード携帯ラジオ
昭和30年1月21日（朝日）

美しい音色
ラジオが
毎月千円払い
LP電蓄 毎月 2,500
保証人不要・現品先渡
銀座1丁目バス停前
電話（56）ー5755
ギンザラジオ

ギンザラジオ
昭和30年1月19日（朝日）

ゼネラル
上から三ッ目ね！
ゼネラル坊や
「お母さん、上から三ツ目ね」
「そうよ」
坊やでも、お年よりでも、簡単に、ボタン一つでお好きな番組が呼び出せます。
押ボタン式6球スーパー
6S−B1型 ¥18,800
ゼネラル ラジオ
全国有名デパート・ラジオ店でお選び下さい　八欧無線株式会社

ゼネラルラジオ
昭和29年3月21日（毎日）

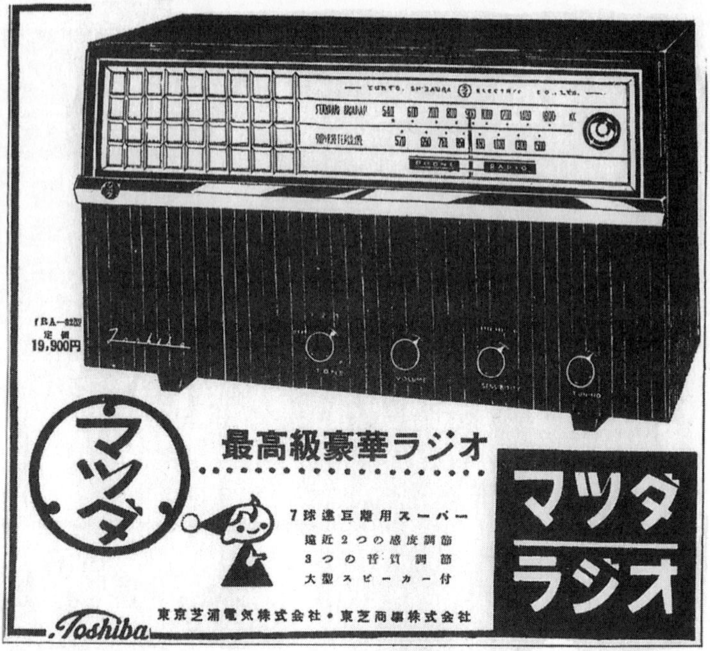

マツダラジオ　昭和30年1月23日（朝日）
東芝のブランド・マツダといえば電球で有名だが、「マツダ」は「松田」ではなく、光明神の「アウラ・マツダ」（ゾロアスター教の最高神で、悪に打ち勝つことで全知全能の神になるといわれる。「アフラマズダ」と表記されることも）に由来する

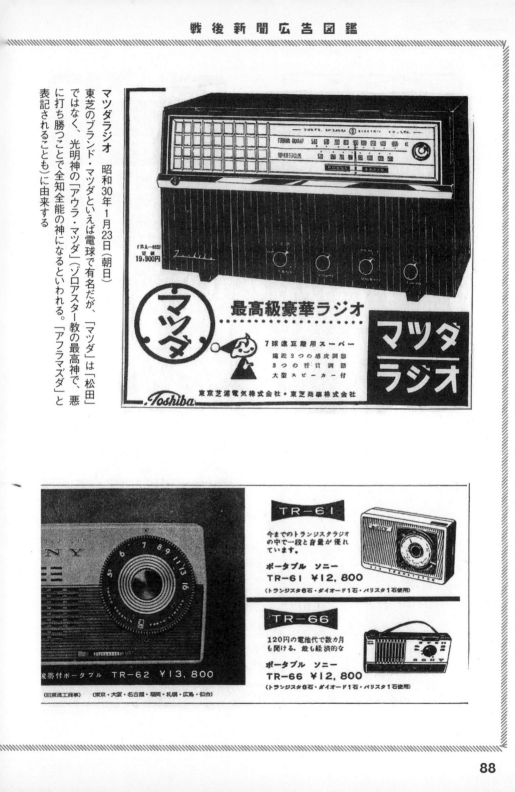

スタンダード　昭和33年12月12日（朝日）
このころになると、短波・中波の2バンドが主流に。
FMはまだ一般化されていなかった

贈りものに 新しい Idea《アイデア》を！
感度をぐんと高める
高周波増幅付
2バンド9石トランジスター
SR−Q103 現金正価 15,900円 正価 16,900円
高級革ケース・補助アンテナ・イヤホーン付
わが国で始めて生まれた高周波増幅付／驚くほどの感度を持ち、雑音もなく2バンド最高の素晴らしい性能です
STANDARD
2バンド8石トランジスター
SR−H170 現金正価 14,500円 正価 15,500円
高級革ケース・補助アンテナ・イヤホーン付
トランジスターラジオは スタンダード
☆美しいカタログをお送りします
スタンダード無線工業株式会社
東京都千代田区神田神保町1の72

ソニーラジオ　昭和32年10月30日（朝日）
ソニーはトランジスタラジオで一躍、
世界的なメーカーとなった

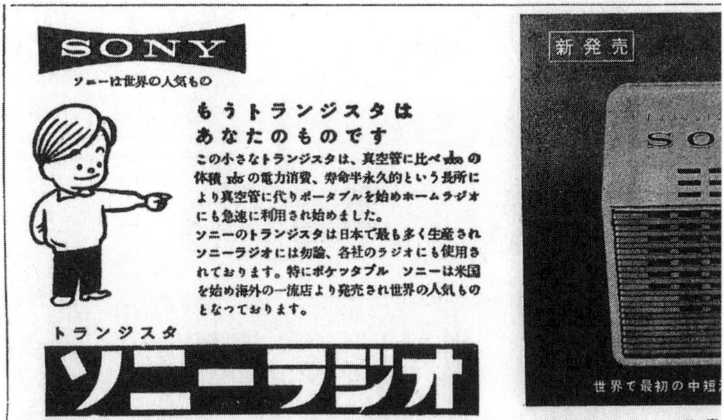
SONY
ソニーは世界の人気もの
もうトランジスタは
あなたのものです
この小さなトランジスタは、真空管に比べ1/100の体積1/100の電力消費、寿命半永久的という長所により真空管に代りポータブルを始めホームラジオにも急速に利用され始めました。
ソニーのトランジスタは日本で最も多く生産されソニーラジオには勿論、各社のラジオにも使用されております。特にポケッタブル　ソニーは米国を始め海外の一流店より発売され世界の人気ものとなっております。
トランジスタ
ソニーラジオ
テープコーダーの 東京通信工業 （東京都品川区北品川6−351）
新発売
世界で最初の中短
発売元 ソニー商事

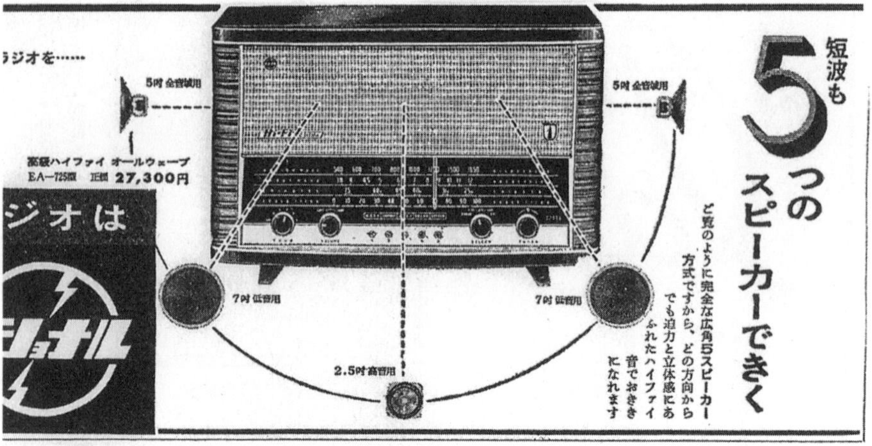
短波も
5つのスピーカーできく
ご覧のように完全な広角5スピーカー方式ですから、どの方向からでも迫力と立体感にあふれたハイファイ音でおききになれます
5吋全音域用
5吋全音域用
7吋低音用
7吋低音用
2.5吋高音用
高級ハイファイ オールウェーブ
EA—725型 正価 27,300円
ラジオを……
ジオは
ショナル

ナショナルがおくるナイター中継（5月10日より）
日本短波放送 毎週 火・土曜 夜7時から
ナイターを
感度の鋭敏なオールウェーブで
阪神 吉田選手
毎晩ナイターがきける、ナショナルのオールウェーブには…… 世界最小の2バンドトランジスターからレコードもきけるラジオグラフや5スピーカーのハイファイまで、高感度で音のよいあらゆる種類が揃っています。どうぞお好みのセットをお選びください。
レコードプレヤーがつなげる
5球2バンド オールウェーブ
EA—450型 正価 7,000円
ラジオは一人一台時代 あなたのおそばに あなた専用のラジオを！
2つの6吋半スピーカーできく
マジックアイ付
ハイファイ オールウェーブ
正価 14,900円
低音時代の小型ラジオ
マジックアイ付オールウェーブ
EA—370型 正価 9,980円
世界最小のオールウエーブ
7石2バンドトランジスター
EA—175型 正価 16,800円
（皮ケース・イヤホーン・電池つき）
お求めは、正価販売のナショナル連盟店・百貨店で、アフターサービスが万全で、お徳です。
松下電器産業株式会社
ラジオは
ナショナル

ナショナルラジオ
昭和33年5月4日（朝日）

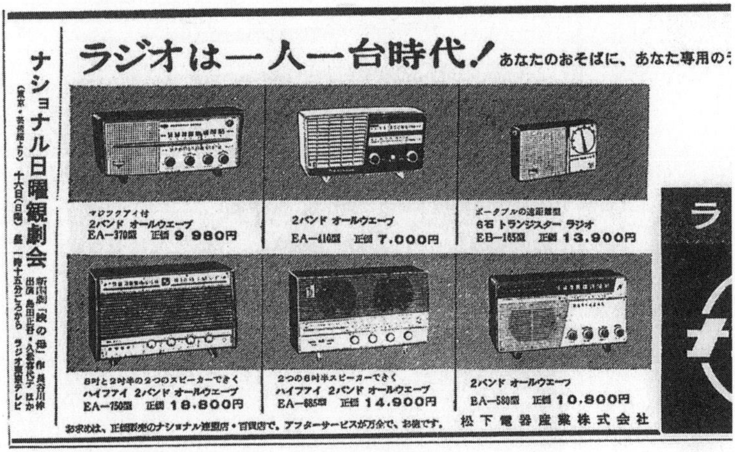
ナショナル日曜観劇会
（東京・芸術座より）　十六日（日曜）昼一時十五分ごろから　ラジオ東京テレビ
新派劇「瞼の母」作 長谷川伸
ラジオは一人一台時代！
あなたのおそばに、あなた専用の
マジックアイ付
2バンド オールウエーブ
EA−370型　正価 9 980円
2バンド オールウエーブ
EA−410型　正価 7.000円
ポータブルの遠距離型
6石 トランジスター ラジオ
EB−165型　正価 13.900円
8吋と2吋半の2つのスピーカーできく
ハイファイ 2バンド オールウエーブ
EA−750型　正価 18.800円
2つの6吋半スピーカーできく
ハイファイ 2バンド オールウエーブ
EA−685型　正価 14.900円
2バンド オールウエーブ
BA−580型　正価 10.800円
お求めは、正価販売のナショナル連盟店・百貨店で。アフターサービスが万全で、お徳です。
松下電器産業株式会社

ナショナルラジオ
昭和33年3月15日（朝日）

Sharp 新発売
超小型6石トランジスタ
"ポケットA" TR−222型
現金正価 9.100円
正価 9.600円
革ケース付 美麗化粧函入
ラジオなら
"ポケットS" TR−210型
"ポケットH" TR−221型
6石トランジスタラジオ
感度の鋭敏な超小型
革ケース付 9.100円
美麗化粧函入 正価 9.600円
2バンド
オールウエーブ
このお値段で短波放送が楽しめます
"デュエット" UC−226型
（電蓄回路付）
現金正価 5,900円
正価 6,300円
イヤホーンソケット2コ前面付
ラジオを
近づけるだけで
電蓄になる
3スピード
RP−227型
現金正価
16,600円
正価17,600円
540KCの電波を発射する
シャープマジックプレヤー！
このマジックプレヤーは無線式でラジオとプレヤーの間は電波で結ばれますからラジオのダイヤルを540KCに合わすとたちまちお望みの名曲がラジオから聞えてきます
またモダンなスーツケースタイプですからピクニック・旅行などのお伴に最適です
トランジスタを使ったこのRP−227型は
●電池を使っているため電源の心配なくどこででも使用することが出来ます
●モーターは特殊設計の3スピード電池式で、消費電力が少く速度切換はツマミ一つですみます
●受信は　ハイファイラジオ・ポータブルラジオなどお持ちのどんなラジオでも結構です
シャープ
マジックプレヤー
早川電機工業株式会社　シャープ電機株式会社

シャープ マジックプレヤー　昭和33年8月24日（朝日）
レコードの音楽を近くのラジオのスピーカーから聞けるというユニークプレヤー

短波なら最高の…
8石で！
〝ピッチカート〟 TR―226型
現金正価 15,700円
……………正価 16,600円
■ポータブルにもホームラジオにもなる豪華な2バンドオールウエーブ設計です
■9段引伸し式アンテナによる超高感度
■音質の良い6×4吋大型スピーカー使用
■バンド・インジケーター（指示窓）付
■停電時にも安心…単一型電池6コ使用
■電灯線につなげるACアダプター回路
■イヤホーンは2コ使用できます
Sharp
シャープ トランジスタラジオ
他に4石超小型から短波も聴ける8石ホームトランジスタラジオまで！
お求めはシャープ会員店か百貨店で……シャープテレビ・ラジオ一台お買上げで 特賞家庭電気製品一式が当る全国ラジオ祭り8月20日まで
早川電機工業株式会社 シャープ電機株式会社

シャープ トランジスタラジオ 昭和33年8月20日（朝日）

スタンダード トランジスターラジオ
昭和33年12月18日（朝日）

る!いる!地球上にヤング族がいっぱい
ヨークで、ロンドンで……世界のショーウインドにヤングシックス。いかすカッコとすばらしいHi-Fi音で、青い目・黒い目のヤングを完全にチャームしました。
スッポリ入る超薄形のブックラジオ
グシックス
オヤ？ 本かなと思ったら、じつはこれがブックラジオです。薄さはタッタ18ミリ。これなら、海へ行っても、山へ行ってもすこしもお荷物になりません。
●話題のオリンピックワッペン付
6P−66／60㎜スピーカー／イヤホーン
ライトバックケース付／サイズ・125×81×18㎜
色は赤・青・黒
現金定価 4,500円 定価4,800円
YOUNG 7
短波が聞ける、オシャレが楽しめるモードラジオ
ヤングセブン
7P−77S／72×50㎜スピーカー／吊バンド／イヤホーン
パネロンケース付／サイズ・84×150×30㎜／色は赤・青・黒
現金定価 5,600円 定価 5,900円
東芝
トランジスタラジオ
東京芝浦電気株式会社
東芝商事株式会社
お求めは東芝ストアー・東芝会員店・デパート・東芝売店で
分割払いは東芝リンクストアで

東芝トランジスタラジオ　昭和39年8月3日（朝日）
ジェリー藤尾がCMに登場していた記憶がある

7 TRANSISTOR
MW 5.4 6 7 9 11 13 16 X100KC
SW 12 MC
YOUNG 7

ぼくがクリスマスに買ってもらった「ヤングセブン」。現在でも聴ける

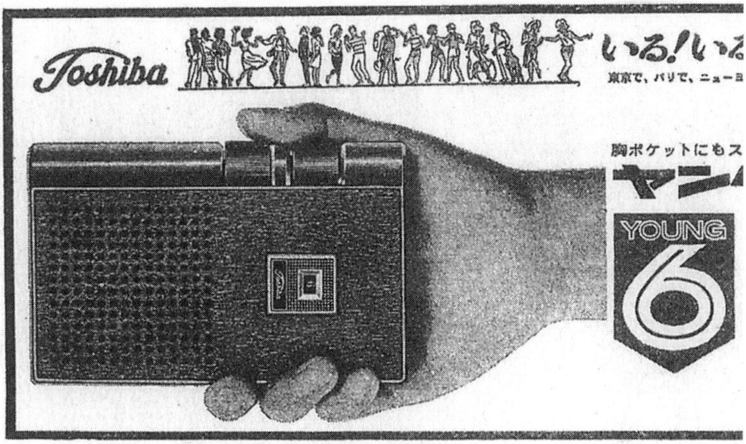
Toshiba
YOUNG
6

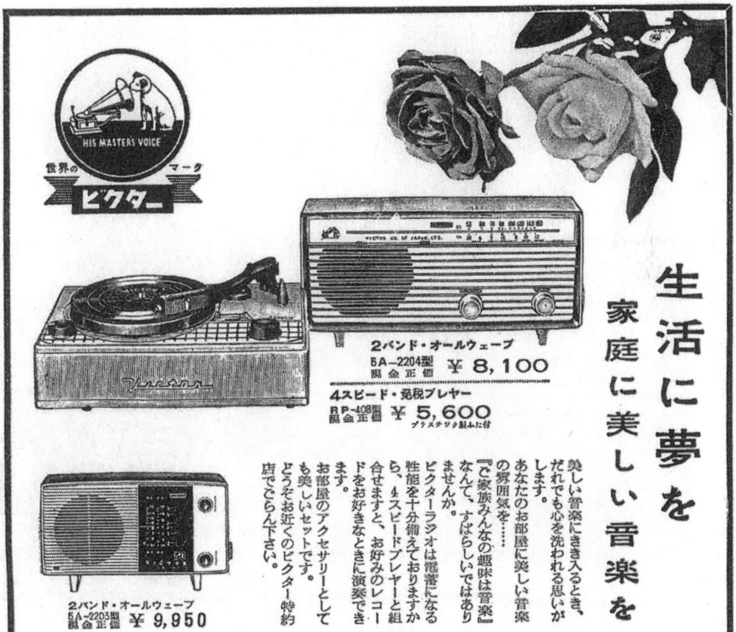
HIS MASTER'S VOICE
世界の　マーク
ビクター
生活に夢を
家庭に美しい音楽を
2バンド・オールウェーブ
5A-2204型 掛金正価 ¥8,100
4スピード・免税プレヤー
RP-408型 掛金正価 ¥5,600
プラスチツク製ふた付
美しい音楽にきき入るとき、だれでも心を洗われる思いがします。
あなたのお部屋に美しい音楽の雰囲気を……
『ご家族みんなの趣味は音楽』なんて、すばらしいではありませんか。
ビクターラジオは電蓄になる性能を十分備えておりますから、4スピードプレヤーと組合せますと、お好みのレコードをお好きなときに演奏できます。
お部屋のアクセサリーとしても美しいセットです。
どうぞお近くのビクター特約店でごらん下さい。
2バンド・オールウェーブ
5A-2203型 掛金正価 ¥9,950
ビクター・テレビ、ラジオ、電蓄、レコード、拡声装置

「生活に夢を　家庭に美しい音楽を」（ビクター）
昭和33年3月9日（朝日）

電話

戦後、電話の需要は急速に高まったが、電話を引くには日本電信電話公社に申し込みが必要で、さらに設備費と電信電話債券購入のため、数万円の支払いが求められた（昭和三十五年当時）。さらに電話の設置までに、下手すると二年待ちなんてこともあった。

　昭和三十年代の一般家庭における電話の普及状況を、ぼくの幼稚園から中学までの卒業アルバムにある住所録から検証してみよう。

　幼稚園卒園時のガリ版刷りの住所録には、電話番号は記入されていない。このころはまだ電話のある家庭が少なかったので、省いたものと思われる。次に小学校卒業時の昭和三十八年は、クラスの四十八人中、電話のある家庭は二十三軒で、ほぼ半数。中学卒業時の昭和四十一年には、四十五人中二十八軒だった。

　家に電話がないころは、「呼び出し電話」といって、近所の電話のある家の番号を使わせてもらっていた。電話がかかってくるたびに、その家の人がわざわざ呼びに来てくれたものだが、そんなこともすっかり、今は昔となった。

岩崎の電話機　昭和32年10月24日（朝日）

お安く簡単につく・・・
富士のコンバーサー
10回線家庭用簡易電話機
親電話機が交換台の役目をして、11台の電話機で互いに自由に通話することが出来ます。電池は市販の1.5V乾電池3個で十分です。
1
2
3
4
5
6
7
8
9
10
富士通信機製造株式會社
東京都千代田区丸の内３の２電(28)6221・6231(代表)

富士のコンバーサー　昭和33年5月18日(朝日)
富士通信機製造は現在の富士通の前身

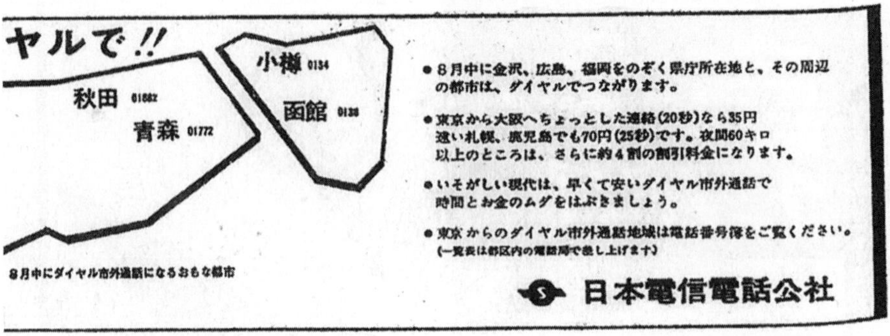
ヤルで!!
小樽 0134
秋田 01882
函館 0138
青森 01772
●８月中に金沢、広島、福岡をのぞく県庁所在地と、その周辺の都市は、ダイヤルでつながります。
●東京から大阪へちょっとした連絡(20秒)なら35円 遠い札幌、鹿児島でも70円(25秒)です。夜間60キロ以上のところは、さらに約４割の割引料金になります。
●いそがしい現代は、早くて安いダイヤル市外通話で時間とお金のムダをはぶきましょう。
●東京からのダイヤル市外通話地域は電話番号簿をご覧ください。
(一覧表は都区内の電話局で差し上げます)
８月中にダイヤル市外通話になるおもな都市
日本電信電話公社

「すぐひける電話」が目標です
申込んでもまだひけない電話が一六〇万
「電話を申込んでも、なかなかひけない」「いつひいてくれるのか」という苦情があとをたちません。電話といえば、二、三年は待たなければひけないものと、あきらめていらっしゃる方が多い現状です。
電話サービスを一手に引き受けている電電公社としては、電話の増設に拍車をかけていますが、現在申込んでもまだひけない電話が一六〇万もたまっています。
需要は増える一方です
国民生活の向上と経済の著しい発展は、便利で、能率的な電話をますます必要としています。都市と地方との連絡手段としての電話の発達は地域開発に重要な役割をはたし、社会生活圏の拡大にともなって、今では、テレビと同じよう

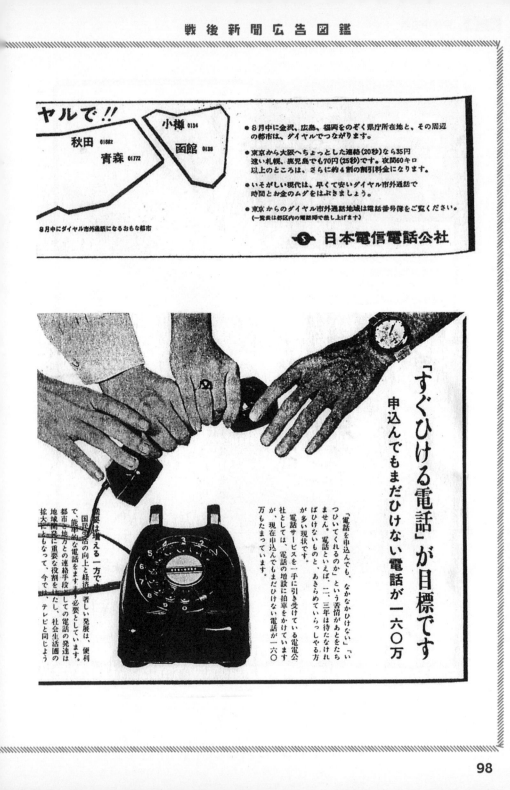

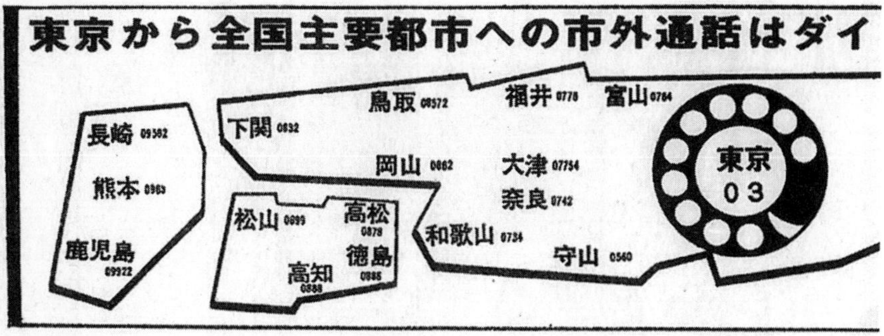

日本電信電話公社　昭和39年8月15日（朝日）

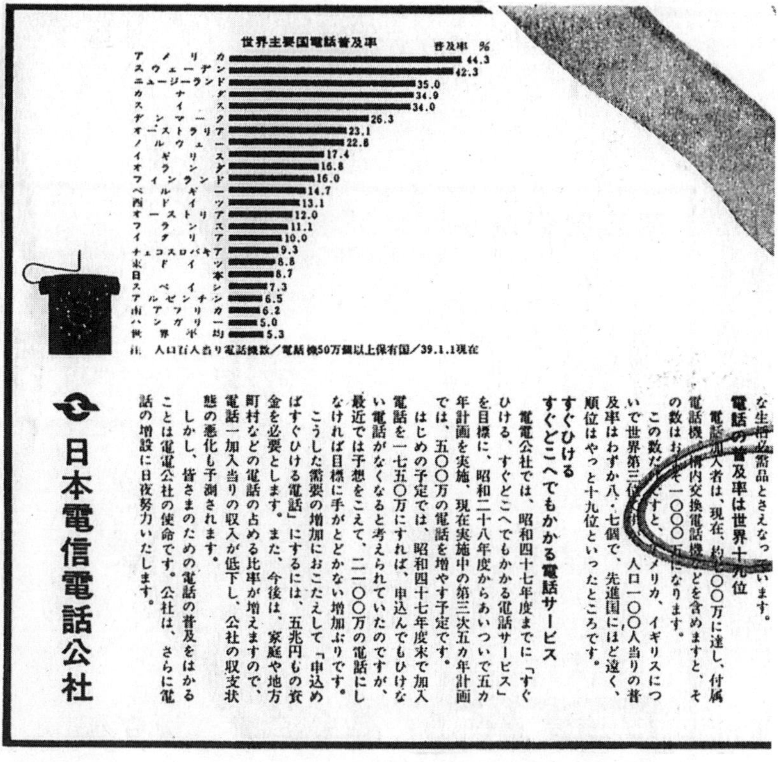

日本電信電話公社　昭和40年10月21日（朝日）
「世界主要国電話普及率」のグラフでは、日本は第十九位

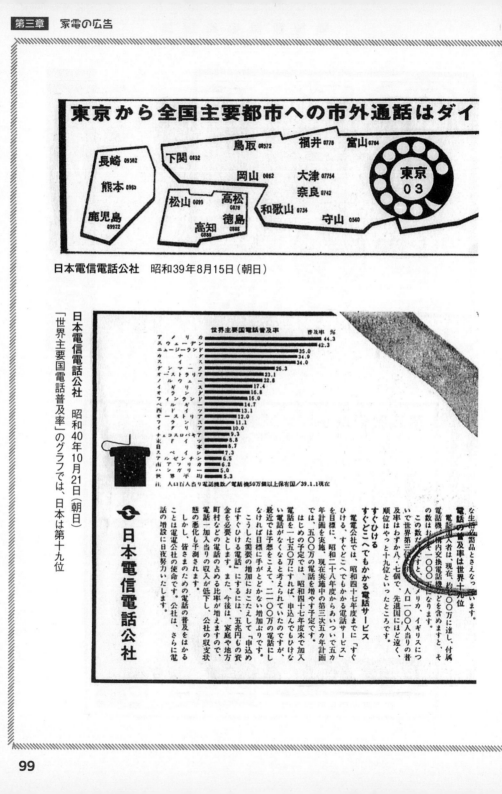

家電広告あれこれ

扇風機や掃除機、電気釜……昭和二十年代後半から三十年代には生活を便利にする家電製品が、「三種の神器」以外にも、次々に誕生した。

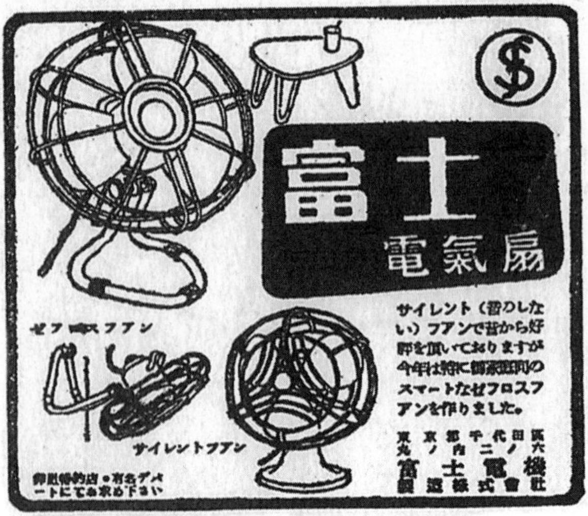

富士電気扇　昭和25年5月6日（朝日）
扇風機だが、ここでは「電気扇」となっている

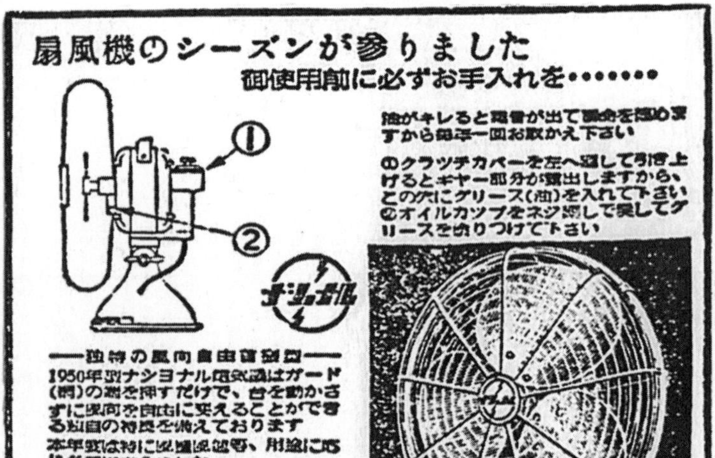

ナショナル扇風機　昭和25年5月12日（朝日）
サイズを表す「吋」はインチ（一インチは約二・五四センチ）

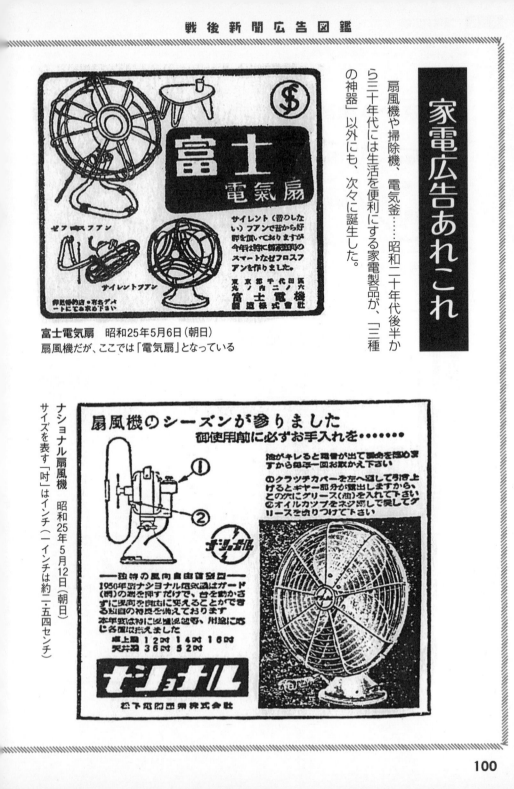

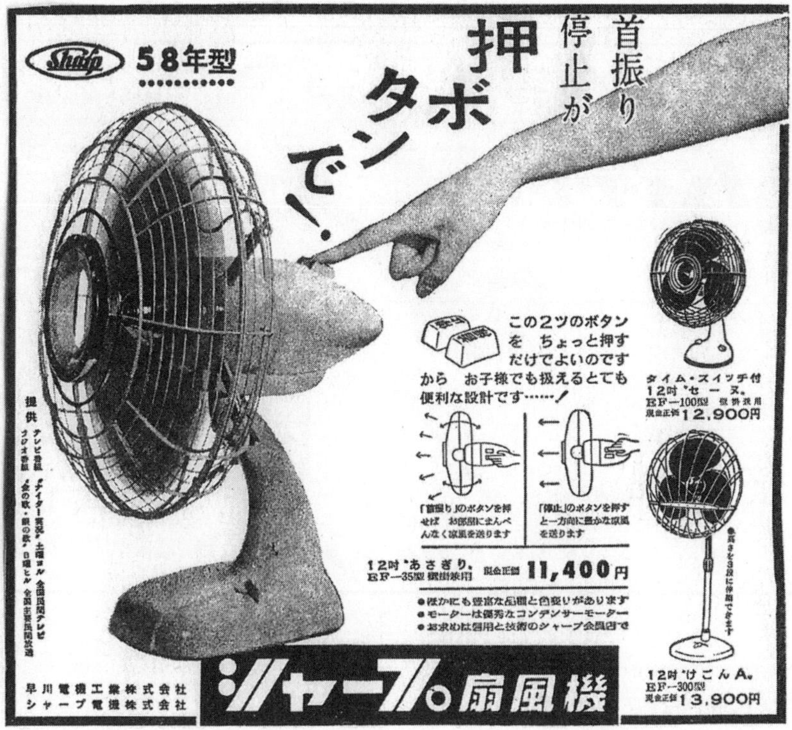

シャープ扇風機　昭和33年5月18日（朝日）

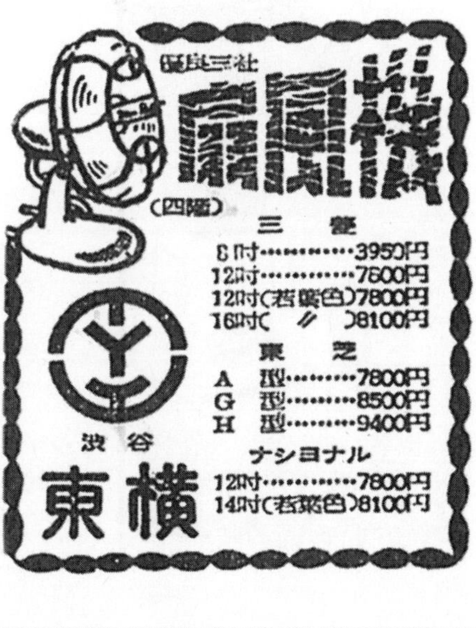

「優良三社扇風機」
（三菱・東芝・ナショナル）
昭和25年5月13日（朝日）

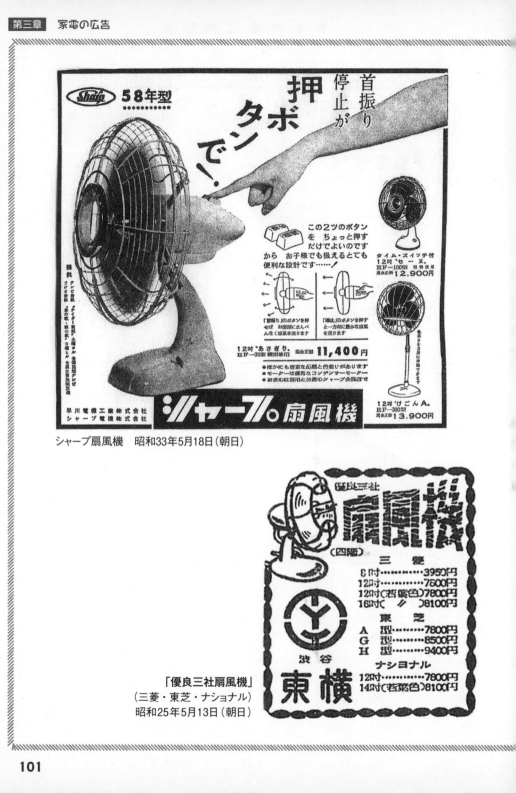

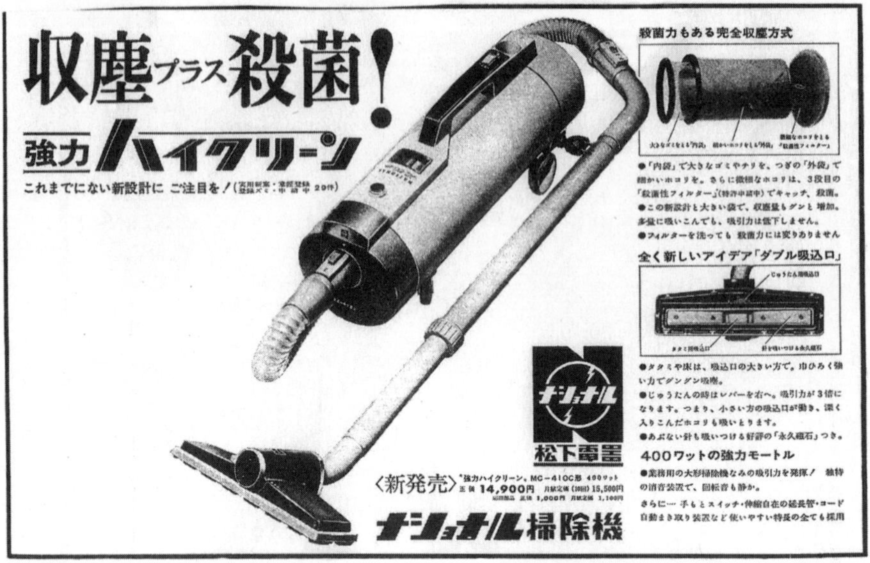
収塵プラス殺菌！
強力ハイクリーン
これまでにない新設計に ご注目を！
殺菌力もある完全収塵方式
●「内袋」で大きなゴミやチリを、つぎの「外袋」で細かいホコリを。さらに微細なホコリは、3段目の「殺菌性フィルター」(特許申請中)でキャッチ、殺菌。
●この新設計と大きい袋で、収塵量もグンと増加。多量に吸いこんでも、吸引力は低下しません。
●フィルターを洗っても 殺菌力には変りありません
全く新しいアイデア「ダブル吸込口」
じゅうたん用吸込口
タタミ用吸込口
針を吸いつける永久磁石
●タタミや床は、吸込口の大きい方で。巾ひろく強い力でグングン吸塵。
●じゅうたんの時はレバーを右へ。吸引力が3倍になります。つまり、小さい方の吸込口が働き、深く入りこんだホコリも吸いとります。
●あぶない針も吸いつける好評の「永久磁石」つき。
400ワットの強力モートル
●業務用の大形掃除機なみの吸引力を発揮！ 独特の消音装置で、回転音も静か。
さらに… 手もとスイッチ・伸縮自在の延長管・コード自動まき取り装置など使いやすい特長の全ても採用
ナショナル
松下電器
〈新発売〉"強力ハイクリーン" MC−410C形 400ワット
正価 14,900円 月賦定価(10回) 15,500円
ナショナル掃除機

ナショナル掃除機　昭和39年4月9日（読売）
掃除機の新聞広告は、なぜかきわめて少ない

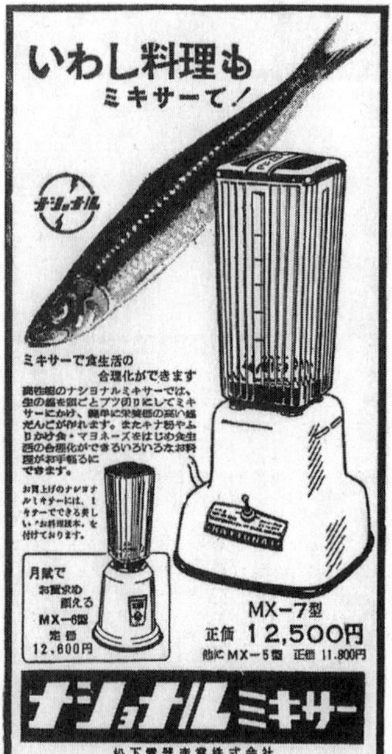
いわし料理も
ミキサーで！
ナショナル
ミキサーで食生活の
合理化ができます
お買上げのナショナルミキサーには、ミキサーでできる美しい"お料理読本"を付けております。
月賦で
お買求め
願える
MX−6型
定価
12,600円
MX−7型
正価 12,500円
他にMX−5型 正価 11,800円
ナショナルミキサー
松下電器産業株式会社

ナショナルミキサー
昭和30年1月16日（朝日）
ミキサーが一般家庭で使われるよう
になるのは、もう少し後のこと

デンキガマオクレ
－アメリカ在留邦人－
在留邦人や、外国人の方からも、遠く海をこえて「電気釜送れ」の注文やら、引合いが殺到して　東芝ではうれしい悲鳴をあげています
スイッチ一つで自動的に20分－30分でふっくらとどなたにも上手下手なく美味しいご飯が炊きあがる東芝独特の自動式三重釜は、だんぜん重宝なものですもう90万世帯の皆さまにご愛用いただきましたが、さらに今後も、工場設備をウンと拡張し、徹底したコンベアーシステムで、性能のよい東芝の電気釜が一台でも多く、皆さまのご家庭にお届けできるよう、万全の準備を完了いたしました
夜、おやすみのとき
外出のときなどには
マツダ時間スイッチを電気釜に接続していただけば、お望みの時間にご飯が炊きあがりスイッチは自動的にきれます
マツダ時間スイッチ十二時間用・一七〇〇円
Toshiba
2合－6合炊
3,200円
2合－1升炊
4,500円
Toshiba
自動式・三重釜
東芝
電氣釜
東京芝浦電気株式会社・東芝商事株式会社
A－6－7

東芝電気釜　昭和33年3月6日（朝日）
ある一定以上の年齢だと、電気釜といえばこのスタイルを
思い浮かべる人が少なくないはず。日本が誇る家電の名品

涼しいお部屋で・・・
涼しさこそ夏いちばんのサービスです
ホテルやレストラン、或いは会社など暑さのために売上げの落ちる夏の損失は、すぐれたルームクーラーをお取りつけになることでたちまち解決いたします！
スイッチひとつで、かんたんに扱えるうえ、小型で軽量、お部屋のどこへでもすぐ取付けられます。
空冷式なので給水その他のめんどうな工事はいりません。
ゴールデンサービスセール好評実施中
HIS MASTERS VOICE
世界のマーク
ビクター
日本ビクター株式会社
ダイヤ ルームクーラー
3/4馬力単相 WR−305型 5−6坪位のお部屋に ¥250,000
ほかに 1馬力単相 WR-515型 ¥310,000 1馬力3相 WR-517型 ¥310,000

ダイヤ ルームクーラー（ビクター）
昭和33年8月3日（朝日）

BEST COOL
ナショナルが完成した…
《健康冷房《ベスト・クール》》
冷房力が強いだけではない！
■いつも最高の冷房力を……
冷房力は、コンプレッサーの性能でハッキリ差がつきます。この心臓部の働きが違うのがナショナル・ルームクーラー！
7万アンペアという超高電流を加えた特殊加工と、ミクロン単位の超精密仕上げで、いつも最高の冷房力を発揮！ 音も静か。
■冷えすぎないよう 温度を自動調節
精巧な「自動温度調節装置」つき。気温に応じつよい冷房力を、カラダによい温度に調節。夜など冷えすぎません。
■湿気を1日に 牛乳びん320本分も取る
肌にサラッとして、涼しさがダンゼンちがい、健康的です。
■お部屋の空気も キレイに
こまかいチリやゴミは特殊なエアフィルターで、タバコの煙やイヤな匂いは換気装置で、お部屋の空気を新鮮にしますから、たいへん衛生的です。
3年間、無償品質保証つき
正価 160,000円 月賦定価(12回) 168,000円
ナショナル
松下電器
ナショナル ルームクーラー

ナショナル ルームクーラー
昭和39年4月13日（朝日）

品質を誇る
理研感光紙
50枚の写しが10分間でとれる….
→理研光学の卓上複写機
カーボン紙や謄写版・タイプライターで写しをとる時代は過ぎました。リコピー1台あれば、10分間に50枚の写しがとれ、しかも極めて安上りです。そのうえいろんな書類・伝票・図面などを原稿として、直接写しがとれますから、あとで読み合わせの必要もありません。
リコピー
両面印刷物の複写も
リコピー用フィルターで簡単にできます
303型（A3判）¥ 138,000
505型（A2判）¥ 168,000
紙名記入申込次第カタログ進呈
本社　東京・銀座3－1
理研光学工業株式会社
支店
札幌市南一条西6
仙台市外記12の2
大阪・名古屋・京都・富山・岡山・福岡・長崎

リコピー（理研光学工業）　昭和32年8月29日（毎日）
卓上複写機。コピー機のはしり

計算は機械に一任!
13―T（連乗普及型）
20―T（連乗型）
20―D（特装型）
ブルースター・計算器
現品即納　¥25,000より
東芝レジスター
マツダ和文タイプライター
製造元　東京電気株式会社
発売元　東芝事務機株式会社
本社　東京都千代田区神田旅籠町3の2
電話（25）9266　営業所　大阪・福岡

ブルースター計算器（東芝）
昭和33年3月13日（朝日）

加算機＋《プラス》レジスター
Toshiba
最新型
小型
高性能
カタログ進呈
東芝レジスター
東京電気株式会社
東京都千代田区神田旭町7
東芝事務機株式会社
東京芝浦電気株式会社

東芝レジスター
昭和33年12月3日（朝日）

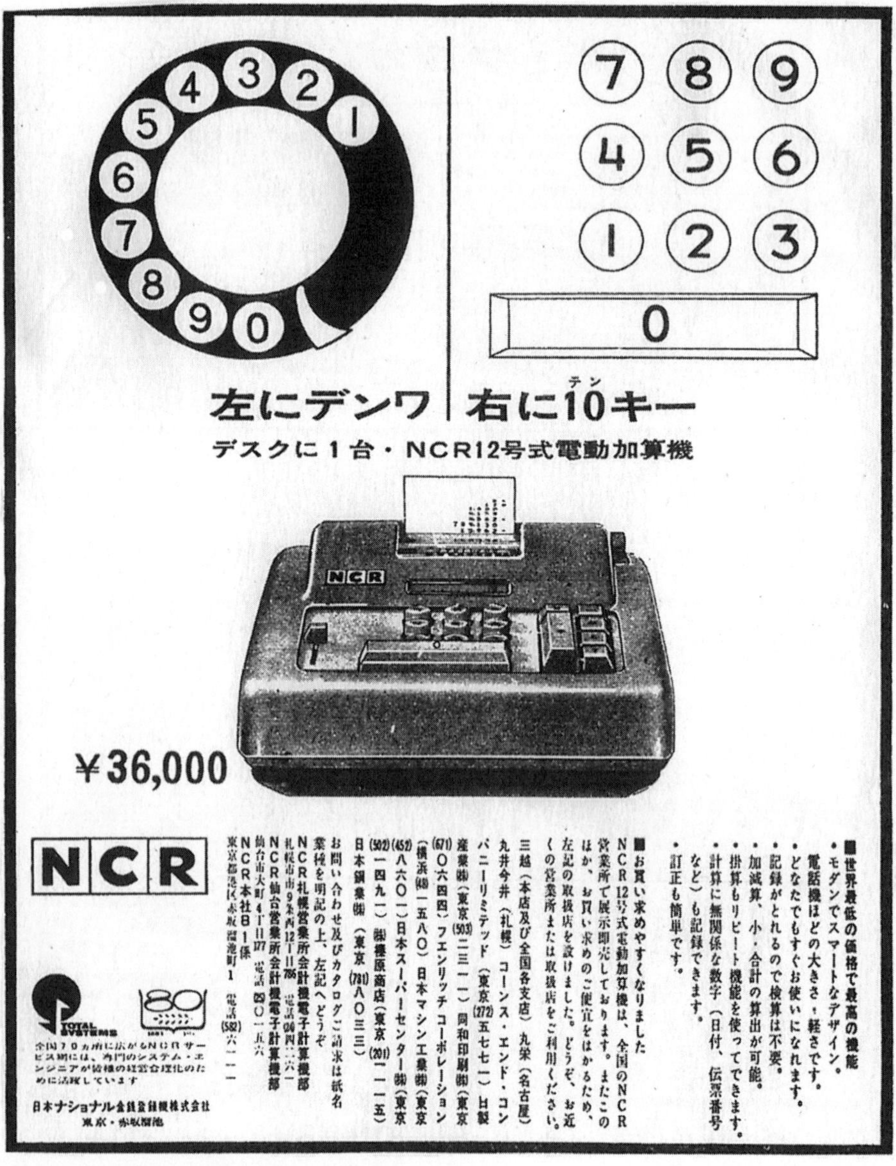
4 3 2 1 5 6 7 8 9 0
7 8 9
4 5 6
1 2 3
0
左にデンワ｜右に10《テン》キー
デスクに１台・NCR12号式電動加算機
NCR
¥36,000
■世界最低の価格で最高の機能
•モダンでスマートなデザイン。
電話機ほどの大きさ・軽さです。
•どなたでもすぐお使いになれます。
•記録がとれるので検算は不要。
•加減算、小・合計の算出が可能。
•掛算もリピート機能を使ってできます。
•計算に無関係な数字（日付、伝票番号など）も記録できます。
•訂正も簡単です。
■お買い求めやすくなりました
NCR12号式電動加算機は、全国のNCR営業所で展示即売しております。またこのほか、お買い求めのご便宜をはかるため、左記の取扱店を設けました。どうぞ、お近くの営業所または取扱店をご利用ください。
三越（本店及び全国各支店） 丸栄（名古屋） 丸井今井（札幌） コーンス・エンド・コンパニーリミテッド（東京(272)五七七一） 日製産業㈱（東京(503)二三一一） 同和印刷㈱（東京(671)〇六四四） フエンリッチ コーポレーション（横浜(48)一五八〇） 日本マシン工業㈱（東京(452)八六〇一）日本スーパーセンター㈱（東京(502)一四九一） ㈱榛原商店（東京(201)一一一五） 日本鋼業㈱ （東京(781)八〇三三）
お問い合わせ及びカタログご請求は紙名業種を明記の上、左記へどうぞ
NCR札幌営業所会計機電子計算機部
札幌市9条西12丁目786 電話(24)四三六一
NCR仙台営業所会計機電子計算機部
仙台市大町4丁目177 電話(25)〇一五六
NCR本社B1係
東京都港区赤坂溜池町1 電話(582)六一一一
NCR
TOTAL SYSTEMS
80
全国70カ所に広がるNCRサービス網には、専門のシステム・エンジニアが皆様の経営合理化のために活躍しています
日本ナショナル金銭登録機株式会社
東京・赤坂溜池

NCR12号式電動加算機　昭和39年8月21日（朝日）

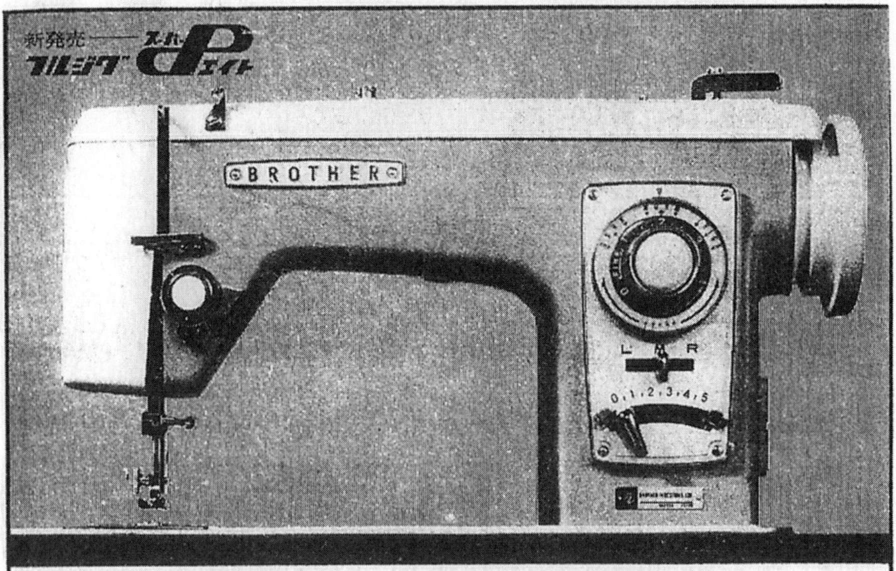

つもりつもった《お使いよさ》の集積です

技術は毎日進歩しています。大げさにいえばそれと気づかない改良は、毎日行われています。そういう集約をある時期まとめてみますと、大きな堆積を発見します。すぐれた機能はそれをもう一度確認し、新しい改良も加えた結集が、フルジグスーパーエイトです。

完ぺきな縫い目をつくります——

布地の厚さにダイヤルをあわせるだけで、布押えと布送りが同時に調節されますから、つり目、糸切れ、目とびの心配は全く解消しました。操作を一カ所に集めましたので、おしごとがしやすくなりました。

フルジグセンスを縫いませんか——

ボタンつけ、穴かがり、端かがりなどおしごとのほかに、模様縫い、刺しゅうが簡単です。フルジグセンスはお召しものからお部屋の装飾まで、すてきです。

500円予約がいちばんお得です——

お金を貯めてからなどという必要はありません。購入方法はいろいろありますから、営業所、特約店、セールスマンにご相談ください。

BROTHER
ブラザー

ブラザー工業株式会社
ブラザーミシン販売株式会社　TV番組—〈水戸黄門〉　TBS系毎週月曜日夜7.30—8.00

ブラザー ミシン　昭和40年1月31日（朝日）

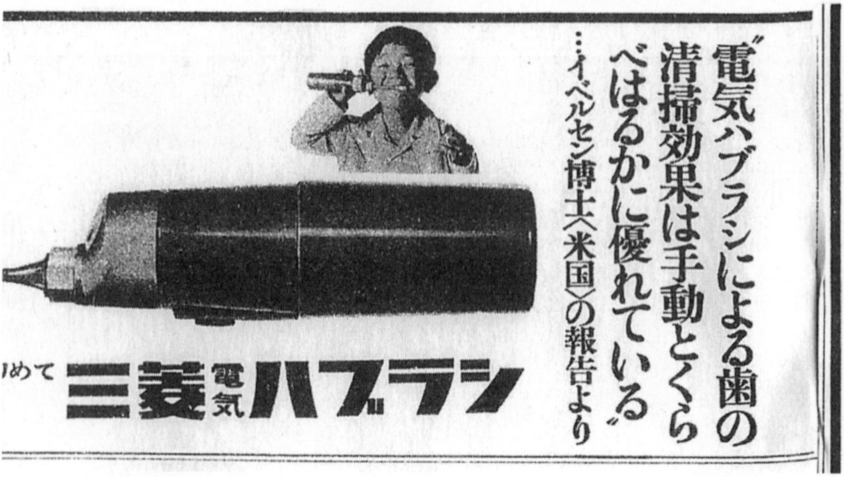
〝電気ハブラシによる歯の清掃効果は手動とくらべはるかに優れている〟
…イベルセン博士〈米国〉の報告より
三菱電気ハブラシ

三菱電気ハブラシ
昭和40年1月16日（朝日）

マツダ
電圧が下つて暗い
高能率は明るいな
赤マーク高能率マツダランプは電圧が下つても明るい便利な電球です。普通の電球ですと、暗くて不愉快なばかりでなく、消費電力も非常に多く損です。これは電圧が下つている所に絶好の電球です。
電圧が下つても
40W
50W
60W
75W
100W
赤マーク・高能率
マツダランプ
Toshiba
東京芝浦電氣株式會社

マツダランプ（東芝）
昭和28年2月5日（朝日）

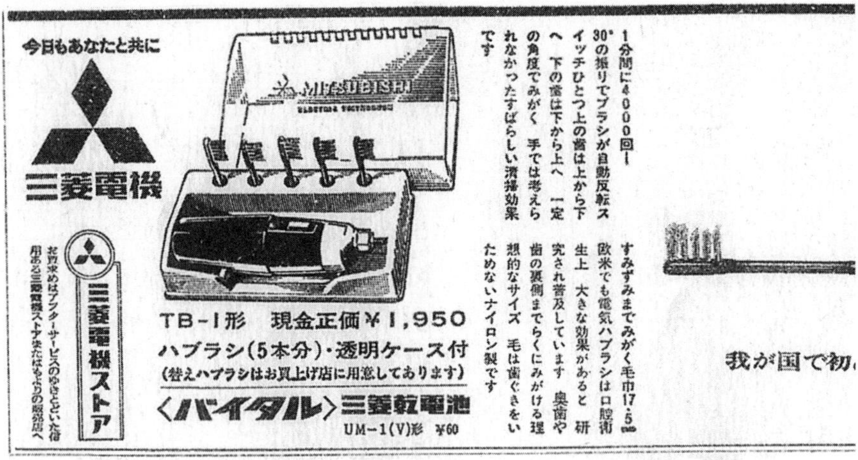

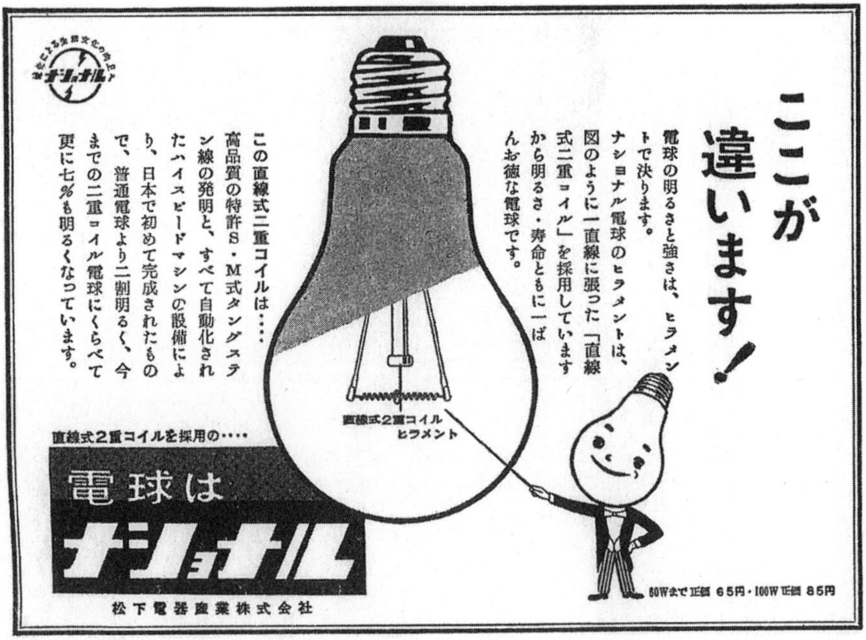

ナショナル 電球　昭和32年9月13日（朝日）

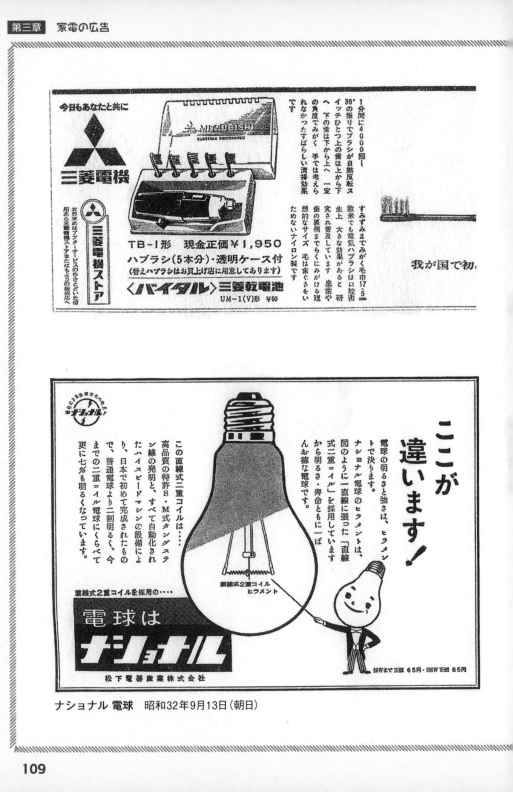

東京タワーのいま・むかし

　東京タワーは、昭和三十三（一九五八）年十二月二十三日に竣工した総合電波塔である。高さは、パリのエッフェル塔が三二四メートルなので、それより高くするために三三三メートルとしたという。

　ぼくが初めて東京タワーに行ったのは、完成して間もないころだと記憶している。目黒駅から都電を利用して、父親に連れられて行った。いまもどことなく昭和レトロな雰囲気が残っていて楽しいので、数年前からは年に一、二回は行っているが、必ず立ち寄っていたのが「タワーレストラン」だ。かつて、どこのデパートにもあったようなお好み大食堂の面影残るレストランで、なかなかの人気だったのに、残念ながら閉店してしまった。平成二十五年九月にはろう人形館まで閉館してしまい、さらにヘコむ。でも、地下の水族館はまだ健在なので、読者のみなさんにも一度足を運んでいただきたい。

　スカイツリーという新たなランドマークが生まれても、東京タワーにはこれまでどおり、東京のシンボルとしてがんばってほしい――。切実にそう思う。

東京タワー
12月23日竣工式
24日午前9時開場
営業時間
午前9時から午後9時まで
年中無休
元旦は午前7時から
世界一の高さ 333メートルの東京
タワーが お蔭さまで 予定どおり
工事を完了して 開場の運びにな
りました
どうぞお揃いでお出かけくださる
よう お待ち申しあげております
社長 前田久吉
日本電波塔株式会社
(43) 7441

東京タワー 昭和33年12月18日（朝日）

TOKYO TOWER
OBSERVATION TICKET
東京タワー
展望券
86—A あ 017556
日本電波塔株式会社
NIPPON TELEVISION CITY CORPORATION

ぼくの東京タワーの展望券

不二家のミルキー
ROYAL CROWN COLA
シャープテレビ
警察予備隊員
昭和27年
5月5日
三菱テレビ
新発売
グリコ
ALMOND GLICO
人形をさしあげます
ビスコ
洗濯のテキスト
日立電気洗濯機
新学期には先ず駆虫!
アスキス
不二家のフランスキャラメル
3つのスピーカーから
ゆたかな立体音
テレビはサンヨー
Toshiba
鮮明な画像....
傳統の技術
東芝テレビセット
奥さまの声をたえず設計にとり入れています!
スーパー噴流式
サンヨー洗濯機
雪印のおやつ
話題の中心
スピードをとらえる……
リコーS2
新発売
RICOH
キング

第四章

乗り物の広告

自動車

　自動車の新聞広告というと、明治から戦前までの主流は、なんといっても、フォードやフィアット、パッカードといった輸入車だった。

　その流れは戦後も続き、国産車のものがやっと登場してくるのは、昭和二十年代も中ごろになってから。数が多いとはいえず、スペース的にも小さなものばかりだったけど、ダットサン（日産自動車）だけは、ひときわ目立つ広告を打っていた。さすが、国産大衆車の代名詞的存在だっただけのことはあるが、このころはまだ、社会全体の車の台数そのものが少ない時代だった。

　いまのように、自動車が一家に一台あるという光景が珍しいことではなくなったのは、一九六〇年代以降の話である。

　日本に車社会が浸透したのには、なんといっても昭和三十九（一九六四）年の東京オリンピックの影響が大きい。このころから、一般家庭でも購入可能な価格帯の乗用車が続々出現。オリンピックの前年には日本初の高速道路として名神高速道路が、六八年には東名高速道路も開通している。

プリムスペース車
昭和28年12月4日（朝日）

英国製モーリス
昭和26年10月26日（朝日）

50,000台生産突破記念
ダットサン
懸賞付大販賣!!
國産唯一の
小型車
ダットサン
DATSUN
ダットサン御買上1台毎に抽籤券1本進呈
(500本を1組として各組)
1等　50万円　1本
2等　5万円　3本
3等　1万円　20本
4等　記念品　476本
期間　4月1日より6月30日迄
発表　期間中500本まとまる毎に抽籤を行い、ニッサンニュース及日産販売店を通して発表致します。
DATSUN
全国各地のニッサンダットサン販売店に御問合せ下さい。
日産自動車株式會社

「ダットサン懸賞付大販売!!」(日産)
昭和25年5月28日(朝日)

トヨペット乗用車
昭和33年8月13日（朝日）

親切な設計が
乗心地に生きている…
トヨペット
コロナ
すばらしいニー・アクションの３つの効果
アイビーム・タイプ
乗用車の前輪の
サスペンションは
ニー・アクションが
常識です
ニー・アクション・タイプ
ニー・アクション機構の乗用車なら、例えば車輪の片方が道路の凸部に乗りあげても、その車輪だけが上下に屈伸するので車体は水平のまま、しかも強いショックを受けません。またスピードを出したとき、車が路面に吸いつくような感じ（ロードホールデイング）となって車体が安定し、運転しやすく安全です。
欧米各国では、既に十数年も前からアイビーム・タイプの乗用車は殆んど製造していません。国産最高級乗用車ートヨペット・クラウン・デラックスはもちろん、経済性のたかい小型乗用車 トヨペット・コロナもニー・アクション機構なので、トヨペットなら、乗心地よく、運転しやすく、安全です。
トヨペット・コロナ 648,500円
トヨペット・クラウン・デラックス 1,100,000円
トヨペット・クラウン 850,000円
★スペアタイヤ、工具付
★便利な月賦販売をご利用下さい。
★カタログ送呈（乞新聞名・職業記入）
乗用車・小型トラックのお問合せ・お求めは…
東京トヨペット
虎ノ門営業所 (50)3381～5,9426～7,9982
台東営業所 (84)8771～5(87)0509,6846
王子営業所 (91)7131～5
大森営業所 (76)0443,4539,6341
築地営業所 (54)2794～8
池袋営業所 (982)2171～9,0171～9
立川営業所 立川(026)4165～7

30
万円台で
乗用車《よいくるま》が！
5
5446
今が中古車の
お買いどきです
59年型の発売により、程度のよい中古車が、出まわるようになりました。価格もグッと下がり、乗用車でも三十万円程度で立派なものが、お求めになれます。どうぞ、お気軽るにご照会下さい。
中古車標準価格の一例
55年 マスター 15万より（営）
クラウン 33万 〃（自）
56年 マスター 18万 〃（営）
〃 30万 〃（自）
クラウン 25万 〃（営）
〃 45万 〃（自）
デラックス 59万 〃（自）
トヨエース 18万 〃
57年 コロナ 26万 〃（営）
〃 35万 〃（自）
クラウン 30万 〃（営）
トヨエース 24万 〃
▶「中古車の上手な買い方」お送り致します
東京トヨペット
豊島区池袋1～801 電（982）2171

「30万円台で乗用車が！」
（東京トヨペット）
昭和33年12月26日（朝日）
中古車の広告。自家用と営業用
とを分けている

ダットサン（日産）　昭和32年10月30日（朝日）

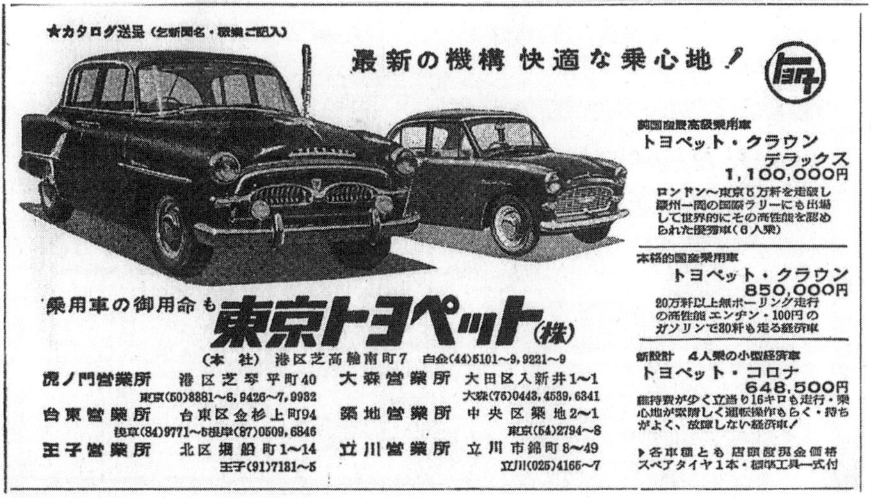

東京トヨペット　昭和33年3月28日（朝日）
昭和30年に登場したトヨペットクラウンは、アメリカで試乗テストされた、
初の国産輸出自動車でもある

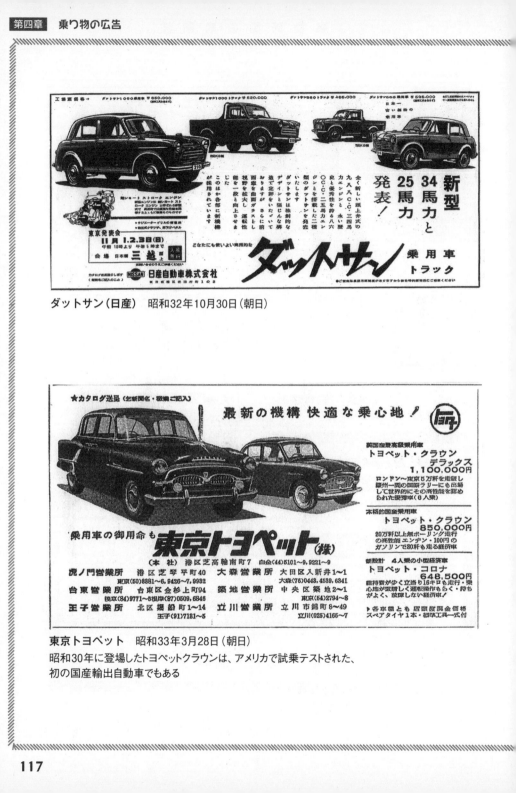

11月より
値下
プリンス
スカイライン
新型車プリンス・グロリヤ
(1900C, C)147万円明春発売
1959
各種中古車
在庫豊富
ヤナセ
自動車
梁瀬自動車株式会社
東京都港区芝浦1－35・電話45—0161（代表）
久保菜穂子

プリンススカイライン（ヤナセ）　昭和33年12月15日（朝日）

皇太子の御婚約を祝して
先に発表した 戦後初の国産大型乗用車
プリンス 1900 を
プリンス グロリア（栄光）と命名
この佳き日を記念して
プリンスの
一大サービス
量産によるコストダウンと皆様の御愛顧にこたえ
値下断行
全国統一価格（現金正価）の発表
同一価格地区　東京・大阪・神奈川・静岡・愛知・岐阜・三重・京都・兵庫
他の地区　運賃及び諸掛を加算致します
お客様本位の便利な月賦販売も致します
御予算に合せて御相談下さい
プリンス自動車販売株式会社
本社・東京支店　東京都港区芝田町5の16
大阪支店　大阪市南区長堀橋筋1の50
プリンス スカイライン デラックス
6人乗最高級乗用車
現金正価　115万円
プリンス スカイライン スタンダード
6人乗乗用車
現金正価　90万円
プリンス ニュー マイラー
3人乗 1,750KG積
現金正価　76万4千円
プリンス クリッパー
（キャブオーバー トラック）
3人乗 2,000KG積
現金正価　81万円

プリンス グロリア　昭和33年12月2日（朝日）

あなたと私の合言葉
さようなら、今《こん》日《にち》は
東京娘と大阪娘が素適に楽しい結婚合戦！
きのうの恋よさようなら、新しい恋よ今日は！
大映スコープ
総天然色
主題歌ビクター
正月第2週 3日 大映系封切
原作 久里子亭 「平凡」連載
脚本 久里子亭 舟橋和郎
撮影 小林節雄
市川崑監督作品
京マチ子・野添ひとみ・若尾文子・菅原謙二・川口浩・船越英二・佐分利信 他オールスタア
豪華でエレガントな NISSAN
'59 オースチン
A50 デラックス
ヒーターで春のように暖い室内、ラジオから美しいメロディが流れ、特製の時計もある楽しい室内、ヒジ掛けのついた快適な6人乗国産オースチンはスタイルの優雅さとゝもに自家用として最高の乗用車です。性能は定評の高速安定性十分のバランスと経済性を誇つています。
―実用的なスタンダードもございます―
日産自動車株式会社
もよりの特約販売店でご用命ご相談をお待ちしております

「さようなら、今日は」 昭和33年12月25日（朝日）
日産、オースチン、そして映画『さようなら、今日は』のタイアップ広告

キャロル（東洋工業）　昭和37年2月19日（日経）

スバル360が大好評となり、以降は他社もこのクラスの新車を発売するようになった

新発売
SUB
スバル 360
軽　快…›
経　済…›
軽免許 …›

スバル360　昭和33年3月27日（朝日）
昭和30年5月に当時の通産省が発表した国民車構想（※）により、
富士重工業によって開発された360ccの小型大衆車

※国民車構想
通商産業省（当時）が打ち出した「国民車育成要綱案」の通称。一定の要件を満たした自動車を開発すれば、その製造・販売を国が支援するというもの。当時の技術では実現不可能とする風潮の中、富士重工業がスバル360の開発に成功。日本で初の大衆車として、日本の自動車産業に画期的な技術革新と発展を促すきっかけとなった。

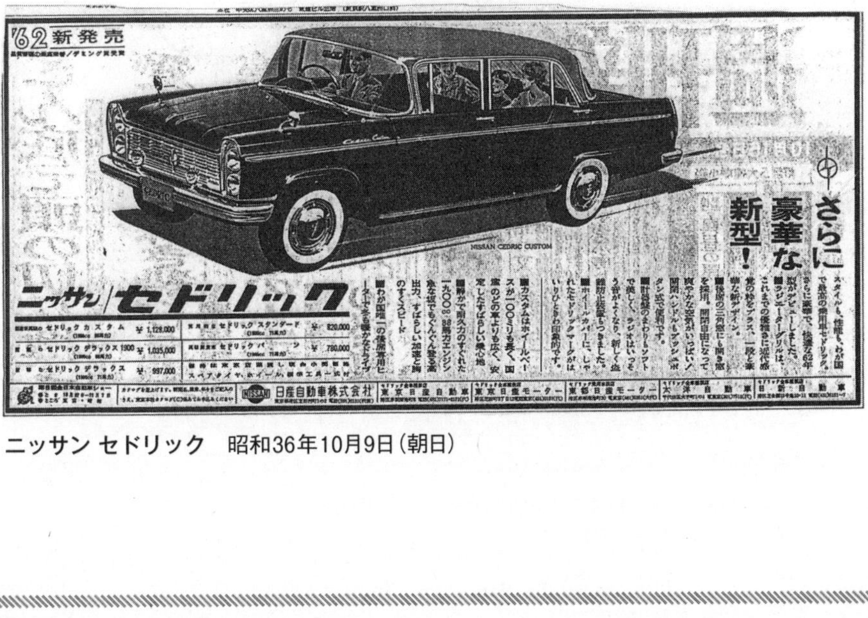
'62 新発売
さらに豪華な新型！
スタイルも、性能も、わが国で最高の乗用車セドリック。さらに豪華で、快適な62年型がデビューしました。
NISSAN CEDRIC CUSTOM
ニッサン セドリック
日産自動車株式会社
東京日産自動車
東京日産モーター
東都日産モーター
大洋自動車
日新自動車

ニッサン セドリック　昭和36年10月9日（朝日）

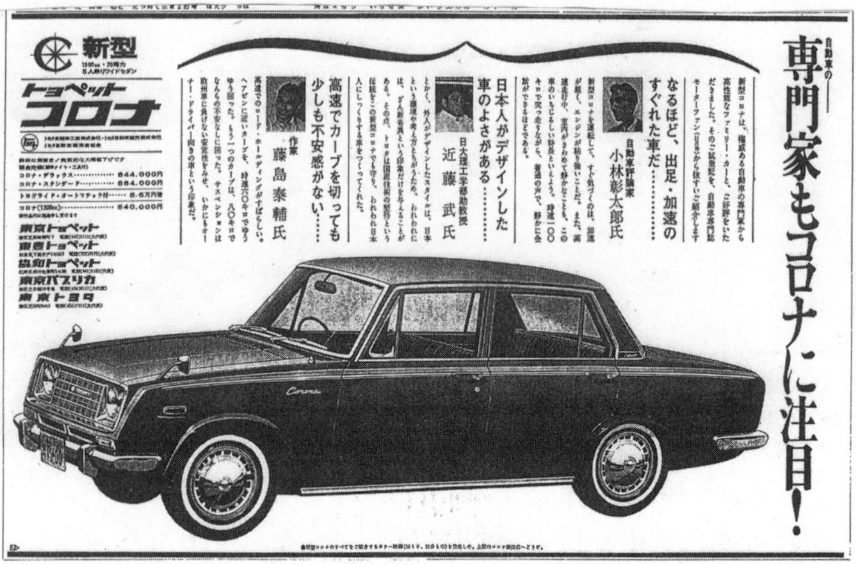

トヨペット コロナ　昭和39年10月15日（朝日）

セドリック スペシャル（日産）　昭和39年4月15日（朝日）
国産車もこのころより大型化が進んだ

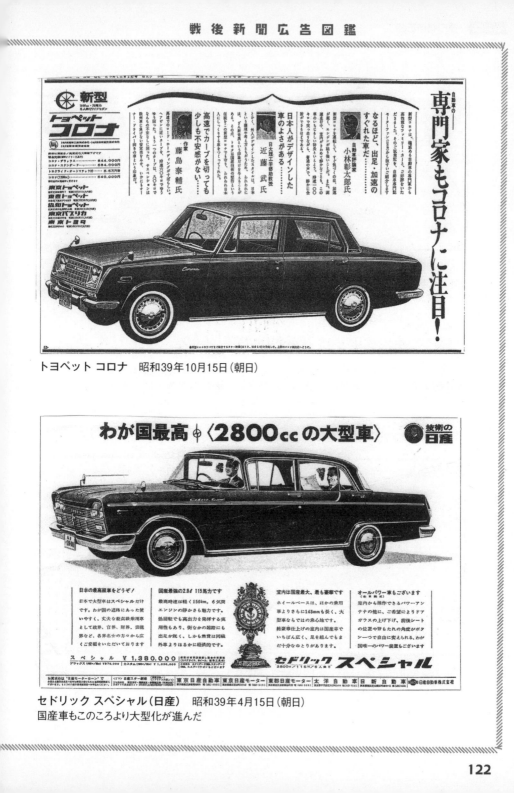

トヨタ パブリカデラックス
昭和39年4月24日（朝日）

飛びまわるには
パブリカにかぎる
信号が青になる
先頭で飛び出す——
グーンと加速する。だんぜん力が強い。混み合った道も軽快に走る。せまい道もキビキビした運転が楽しめる。小さなスペースを見つけてサッと駐車する。燃費も超経済。
エンジンは軽量で強力
ハンドルは軽くてシャープ
ロック（端）からロックまで二回転半ですからシャープに切れ、しかも軽やか。駐車もラクです。シフトレバーはエンジンの力をフルに発揮する前進四段
ブレーキは中型車級で安全
ブレーキ・ドラムが中型車級に大きく、制動距離は最短。軽い踏力で、よく効きます。接地面積の広いタイヤは路面を確実にグリップし安定を失いません
トヨタの高性能ホーム・カー
パブリカ デラックス
700cc 28馬力 4人乗
トヨタ自動車工業株式会社
トヨタ自動車販売株式会社
トヨタ自動車販売店協会
パブリカ デラックス
429,000円
457,000円
389,000円
パブリカ・バン
379,000円
パブリカ コンバーティブル
489,000円
東京パブリカ
パブリカ月島
パブリカ江東
パブリカ中野
パブリカ大田
パブリカ千代田
パブリカ練馬
パブリカ多摩
パブリカ足立
東京トヨタディーゼル
パブリカ千住
マイ・カー・ローン

ブルーバードに ニュータイプが登場しました
新発売
耐久性、経済性、安全性——すぐれた品質の国際的ファミリーカー・ブルーバードのシリーズに〈リクライニングシート〉の新しい魅力が加わりました。ご家族づれのドライブやお仕事にも最適のニュータイプ！ぜひお近くの日産販売店でお試しください。
リクライニングの操作は簡単で確実です
シート脇のレバーを引いて、そのまま背をのせるだけで背もたれは後方に倒れてゆき、最適の位置で止められます。走行中でも、車をとめてお休みになるときでも、左右の席がそれぞれお好みの角度に変えられ自由にラクな姿勢がえられます。背もたれの戻しもレバーを引くだけです。
しかも独特の曲線スライド方式です
シートは曲線型のレールで前後に160ミリも移動でき、同時にシートの角度も変ります。どなたも理想的な運転姿勢と視界を保つことができます。
ブルーバード・シリーズ16タイプから22タイプへ
デラックス、スポーツセダン、ファンシーデラックス、エステートワゴンの四車種に、リクライニングシート付を用意しました。オートクラッチ付を含め、いっきに16タイプから22タイプにふえたブルーバード——どんなご用途にもピッタリです
デラックス
スポーツセダン
ファンシーデラックス
エステートワゴン
ブルーバード
（リクライニングシート付）
東京店頭渡現金価格
デラックス ￥860,000
スポーツセダン ￥720,000
ファンシーデラックス ￥680,000
エステートワゴン ￥690,000
スペアタイヤ、ホイール、標準工具付。付属品及び税等は別途申し受けます。このほかスポーツセダン、エステートワゴン、セパレートシート、オートクラッチ付など22車種も用意してございます。
お買い求めは銀行融資で
<TV> 日産スター劇場
東京日産自動車
東京日産モーター
東都日産モーター
太洋自動車
日産自動車株式会社

ブルーバード（日産）　昭和40年1月20日（朝日）

バス・トラック

乗用車の新聞広告が多く登場するようになったのは、小中型車のバリエーションが増えつつあった昭和三十年代中ごろから。これは、トラックを生産していたメーカーによる乗用車市場への参入の影響が大きい。

トラックといえば、昭和三十年代までは普通に走っていたボンネットタイプを正面から見たときの、あの剣道の防具のお面のようなデザインが好きだ。当時はバスや消防自動車などもこのタイプで、バスの排気ガスについては、仲間同士で「うわー、いいにおい」などと喜んで嗅ぎにいった。

それはさておき、昭和四十年に入ると、家族旅行をアピールする広告が多くなる。当時はおそらく、後に団塊の世代と呼ばれる人々の子供時代にあたるのだろう。同じころから、自動車の騒音や排気ガスによる大気汚染といった公害問題が深刻化し、自動車メーカーにとっては苦しい状況が生まれた。さらに石油ショックも重なったことから、「ゆっくり走ろう」といったキャッチコピーが登場するなど、イメージ広告が増えていった。

いすゞバス
御愛顧に応へて
ます〳〵研究改良！
いすゞ
いすゞ自動車株式會社

いすゞバス
昭和28年2月9日（毎日）
当時もいまもバスの広告はきわめて珍しい

トヨタトラック第1号車
トヨタ
自動車発売20周年記念特売
特賞 トヨペッド・クラウン・デラックス！
昭和30年12月1日から31年3月31日迄の期間中、トヨタ自動車（全車種）新車をお買上げの方に1台1枚あての抽せん券を進呈致します。 外に洩れなく記念品を贈呈
賞　品
特賞　クワウン・デラックス　1台　1本
1等　トヨペット・クラウン　1台　2本
2等　トヨペット・マスター　1台　3本
3等　トヨタ・オートマティック ジグザグミシン　1台　10本
4等　デンソー噴流式洗濯機　1台　20本
記念品 キャッスル・モーターオイル（1コート罐）洩れなく進呈
抽せん日　31年4月下旬
トヨペット・クラウン・デラックス
150,000名様へ記念品進呈
昭和10年11月トヨタ第一号車を発売以来ここに20周年を迎えました。これを記念し12月1日現在のトヨタ自動車御愛用家15万名様に、洩れなく記念品を進呈いたします
トヨタ自動車工業株式会社
トヨタ自動車販売株式会社
東京トヨタ自動車株式会社

「トヨタ自動車発売20周年記念特売」　昭和30年12月17日（朝日）

マチダひとこと
MEMO

124ページの広告のバスは、いすゞSrTX（1950～53年製造型）。TXシリーズは昭和21（1946）年にデビューし、その後、二十余年にわたり製造された。消防自動車にも利用された、戦後の代表的な大型車両でもある。

視界ひろびろとしたパノラマウインドウ
●ゆつたりした3人掛シート
●あらゆる仕事にむく
経済的でしかも底力のあるエンジン
●耐久性十分の構造
強い足回り
3人乗の
中型トラック
たくましい力をぐんぐん出すニッサン ジュニアはあなたのお仕事の推進力です。足回りの強いこと、ゆったりした三人掛のシート、そして燃料消費が少なくてすむなど万能車としての機能を十分に備えています。
小型免許証で運転できます
NISSAN DATSUN
ニッサン
ジュニア
日産自動車株式会社

ニッサン ジュニア　昭和32年8月14日（毎日）
消防車や霊柩車などにも広く使用された中型トラック

荷台がぐっと広くなりました
新型車
一せい発売！
凸凹道でも振動の少ない、耐久性十分な経済的トラックとしてすでにあらゆる業種でご好評をいたゞいておりますが、このたび各車種の荷台を大巾に広げご要望にこたえました。
長尺ものゝ運搬に、重量物の混載に数倍の能率が計れます
ダットサン1000トラック・6尺(1820m/m)荷台・1トン積
気軽に乗用車の乗心地で乗り回せる実用車ダットサンには、この新型とともに従来通り750キロ積と850キロ積の三通りがございます
¥530,000
ただし、スペアタイヤ、運賃諸掛などは別に申しうけます
新製品
キャブライト
五〇台が当る
対米輸出記念
謝恩セール
実施中
あらゆる仕事の能率化に
NISSAN
日産の自動車
日産自動車のトラックにはお仕事にピッタリしたトラックが自由にご選択願えるよういろいろ取揃えてあります
750キロ積 1.75トン積
850キロ積 2トン積
1トン積 5トン積
1.25トン積 6トン積
ご用命はもよりの特約販売店にお申付願います
カタログをお送りします（新聞名ご記入下さい）
日産自動車株式会社
東京都港区芝田村町1の2

ダットサン1000トラック　昭和33年8月14日（毎日）
長さの表記がまだ「6尺」となっている点に注目

ふそう
なぜ
流線型《ボンネット》！
〈視界テストが生んだ流線型〉
車の激増とともにふえる交通事故に直接関係する視界の問題にとりくんだ三菱ふそうは日本で最初に視界テストをはじめて以来　今日まで数々のテストをくりかえしてきた　特に大型車の盲点とされていた　くるまの直前や左側の死角についての研究の成果がふそう独得の流線型ボンネットを生んだのです
三菱 ふそう
トラック
三菱日本重工業株式會社
三菱ふそう自動車株式會社
東京都港区芝新橋1の6　電話(572)0251（大代）

三菱ふそう トラック　昭和39年4月16日（朝日）
最後のボンネット型トラックの広告

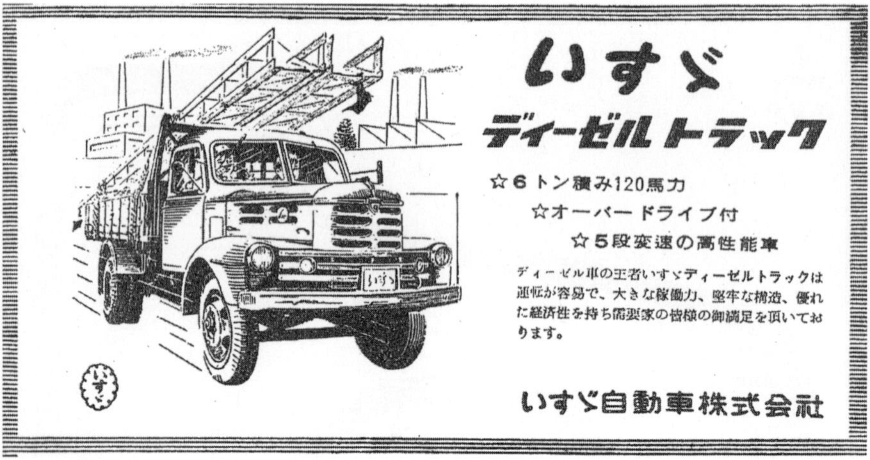
いすゞ
ディーゼルトラック
☆6トン積み120馬力
☆オーバードライブ付
☆5段変速の高性能車
ディーゼル車の王者いすゞディーゼルトラックは運転が容易で、大きな稼働力、堅牢な構造、優れた経済性を持ち需要家の皆様の御満足を頂いております。
いすゞ自動車株式会社

いすゞ ディーゼルトラック　昭和33年11月17日（日経）

力強い活躍を約束する
能率輸送のUD車
技術の日産 UD
T80
T80型・8トン積
■すばらしい耐久性能のUDエンジン
■大型車専門の上尾工場が操業開始
■さらに性能向上へ…新技術の開拓
■戸田サービス技術センターが誕生
第15期決算公告
貸借対照表
ニッサン ディーゼルトラック・バス
日産ディーゼル販売株式会社
取締役社長　仙波亥七

ニッサン ディーゼルトラック・バス　昭和37年12月1日（日経）

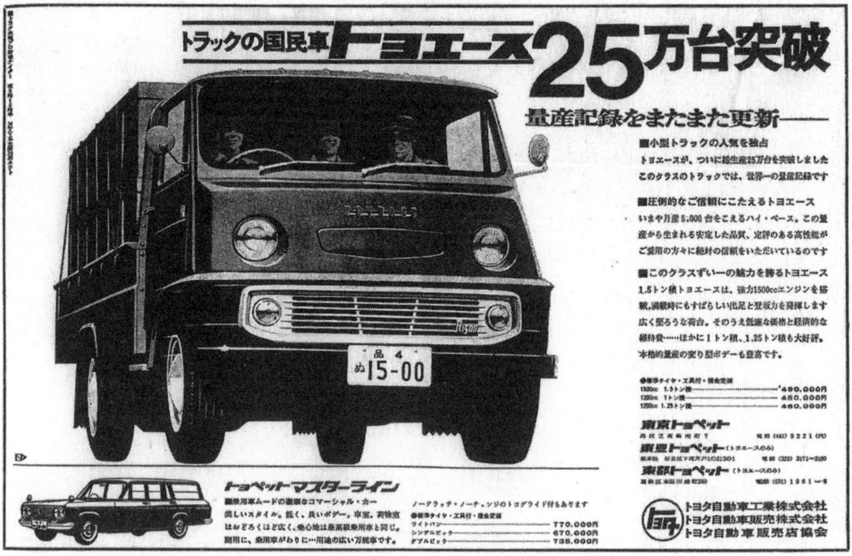

トラックの国民車トヨエース25万台突破
量産記録をまたまた更新――
■小型トラックの人気を独占
トヨエースが、ついに総生産25万台を突破しました
このクラスのトラックでは、世界一の量産記録です
■圧倒的なご信頼にこたえるトヨエース
いまや月産5,000台をこえるハイ・ペース。この量産から生まれる安定した品質、定評のある高性能がご愛用の方々に絶対の信頼をいただいているのです
■このクラスずい一の魅力を誇るトヨエース
1.5トン積トヨエースは、強力1500ccエンジンを搭載。満載時にもすばらしい出足と登坂力を発揮します
広く堅ろうな荷台。そのうえ低廉な価格と経済的な維持費……ほかに1トン積、1.25トン積も大好評。
本格的量産の変り型ボデーも登高です。
1500cc 1.5トン積 490,000円
1200cc 1トン積 450,000円
1200cc 1.25トン積 460,000円
東京トヨペット
東豊トヨペット（トヨエースのみ）
東部トヨペット（トヨエースのみ）
トヨタ自動車工業株式会社
トヨタ自動車販売株式会社
トヨタ自動車販売店協会
トヨペットマスターライン
■乗用車ムードの豪華なコマーシャル・カー
美しいスタイル。低く、長いボデー。車室、荷物室はおどろくほど広く、乗心地は最高級乗用車と同じ。
商用に、乗用車がわりに…用途の広い万能車です。
ノークラッチ・ノーチェンジのトヨグライド付もあります
ライトバン 770,000円
シングルピック 670,000円
ダブルピック 735,000円

トヨエース（トヨタ）　昭和39年4月16日（朝日）

トヨエースは小型トラックの人気を独占した

マチダひとこと
MEMO

日産自動車のダットサンは、乗用車やトラックのブランドであり、快進社（日産の前身）の支援者の頭文字「D」「A」「T」を組み合わせた「脱兎号」をルーツに持つ。後に「DATSON（SON=息子）」という商標が掲げられたが、「SON」が「損」を連想させるということで「DATSUN（SUN=太陽）」と改称された。

オート三輪

昭和二十五（一九五〇）年生まれのぼくが子供のころは、オート三輪がバタバタと音を立てて走る姿を町中で見かけたものだ。

屋根のないオートバイに荷台をつけたようなこの小さなトラックは、戦前からすでに使用されていた。『小型自動車発達史』（日本自動車工業会刊）によると、登場は明治三十年代までさかのぼるが、昭和に入ると十数社の中小メーカーから発売されるほどの人気ぶり。なかでも東洋工業の「マツダ号」、発動機製造の「ダイハツ号」、そして日本内燃機の「くろがね号」が三大ブランドだった。

終戦直後は、ＧＨＱによる統制（※）で四輪車が製造できず、代わりにオート三輪が盛んに製造されたこともあり、昭和二十三年には年間生産台数が二万台ほどになる。これは、戦前の最高記録の約二倍にあたる。この時期から一九五〇年代末にかけてが、最盛期だった。

昭和三十年代になると、自動車交通の高速化と、廉価な四輪トラックの登場で、需要が縮小。昭和四十年の三輪車運転免許の廃止も痛かった。

※ＧＨＱによる統制

ＧＨＱは終戦直後に日本国内の自動車生産を全面的に禁止し、自動車工場を賠償施設に指定した。しかし昭和二十年秋には「戦火による輸送難の緩和」を名目に、生産台数の制限付きながらもトラックの生産を許可。次いで昭和二十二年六月には、全自動車メーカーで合わせて年間三百台の小型乗用車（一五〇〇CC以下）の生産を許可した。その後、昭和二十四年十月にすべての乗用車の生産制限を解除、同年11月には販売統制も全面的に解除となった。

マツダ三輪トラック（東洋工業）　昭和33年3月25日（朝日）

ダイハツ ミゼット　昭和34年10月30日（毎日）
テレビCMには大村崑が登場

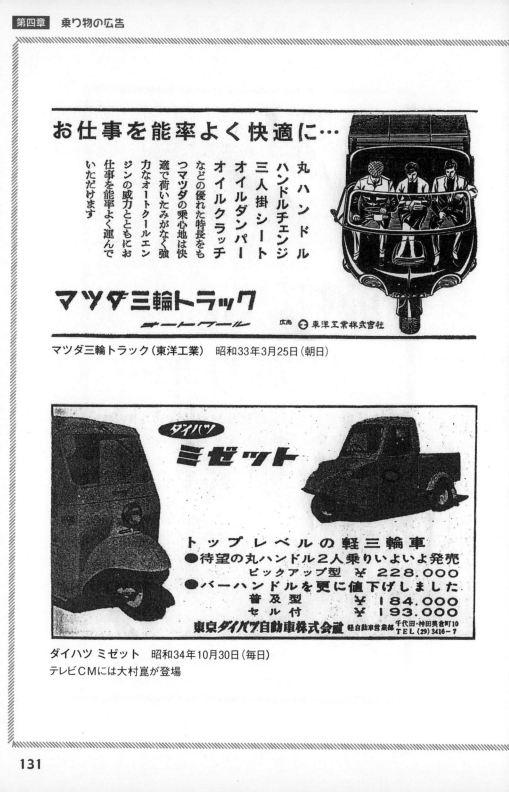

山なら絶対

地球なら
2廻り半…

オリエントのシリンダーは10万キロ走つても磨耗しません。
それはオリエントが誇る、ポーラスクロームメッキの特殊加工によるものです。

水冷48馬力
丸ハンドル三人掛
アンダーフロアエンジン
AB型2屯積

オリエント

Hino 日野ヂーゼル

最寄りの代理店で御用命をお待ちして居ります

オリエント（日野ヂーゼル） 昭和32年9月7日（朝日）

ダイハツ
伸びる輸送と輝くダイハツ
一年のつきぬ感謝をお送りします
出力の大きい強制水冷エンジン
運転の楽な丸ハンドル　そして
断然丈夫で無理のきく車体！
それがダイハツ三輪自動車です
ますます好評
連続テレビコメディ
やりくりアパート
毎週日曜日 午後6.30~7.00
KR—TV(東京) CBC—TV(名古屋)
O T V(大阪) RSK—TV(岡山)
RKB—TV(福岡)
ダイハツ工業株式會社

ダイハツ三輪自動車　昭和33年12月25日（朝日）

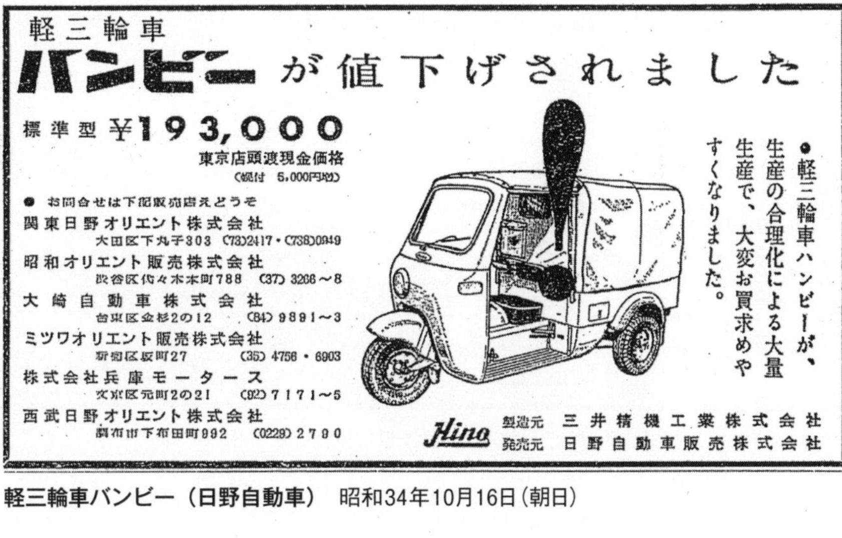
軽三輪車
バンビーが値下げされました
標準型 ¥193,000
東京店頭渡現金価格
（幌付 5,000円増）
● お問合せは下記販売店えどうぞ
関東日野オリエント株式会社
大田区下丸子303 (73)2417・(738)0949
昭和オリエント販売株式会社
渋谷区代々木本町788 (37)3266~8
大崎自動車株式会社
台東区金杉2の12 (84)9891~3
ミツワオリエント販売株式会社
新宿区坂町27 (35)4756・6903
株式会社兵庫モータース
文京区元町2の21 (92)7171~5
西武日野オリエント株式会社
調布市下布田町992 (0229)2790
●軽三輪車ハンビーが、生産の合理化による大量生産で、大変お買求めやすくなりました。
Hino
製造元 三井精機工業株式会社
発売元 日野自動車販売株式会社

軽三輪車バンビー（日野自動車）　昭和34年10月16日（朝日）

オートバイ

昭和三十年代のオートバイは自動車やオート三輪に比べれば安価だったが、それでも十五万円前後（現在の約二百万円に相当）と、かなりの値段だった。

そんなこともあって、「貸しオートバイ」なる商売が現れるのだが、これがけっこう繁盛したらしい。当時の新聞によると、若い人たちのオートバイ熱は大変なもので、彼らの「買いたい」「乗りたい」という要望にうまいことと結びついたのが、貸しオートバイだったのだという。

バイクを借りるにはまず会員になる必要がある。サラリーマンもいるが、ほとんどは学生。アベック（いまでいうカップルを昔はこういった）で郊外へ向かうのが定番で、一時間三百円程度。半日貸し、日貸しもしていた。「若者たちのために、常に新車を用意しておきたいが、技術が幼稚なためにぶっ壊れて帰ってくることもあった」とこぼす経営者もいたとか。

その後、オートバイを乗り回す若者たちは、「カミナリ族」と呼ばれるようになる。暴走族のルーツといった感じだろうか。

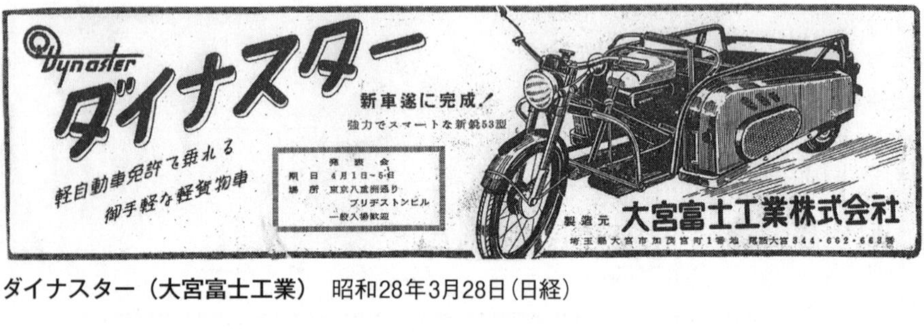
Dynaster
ダイナスター
新車遂に完成！
強力でスマートな新鋭53型
発表会
期日 4月1日～5日
場所 東京八重洲通り ブリヂストンビル
一般入場歓迎
軽自動車免許で乗れる
御手軽な軽貨物車
製造元 大宮富士工業株式会社

ダイナスター（大宮富士工業）　昭和28年3月28日（日経）

「国産小型自動車界の権威」　昭和28年9月21日（毎日）

「躍進する小型自動車界の代表」　昭和28年10月16日（毎日）

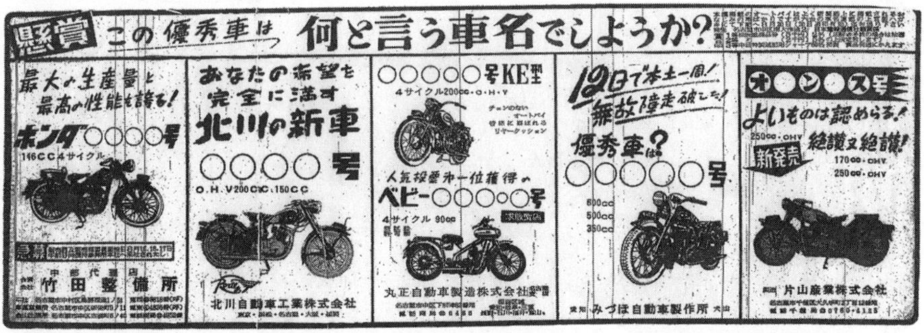

「何と言う車名でしょうか？」　昭和28年7月13日（毎日）

オートバイの車名を当てる懸賞広告

シルバーピジョン生産開始七周年記念
大懸賞付謝恩セール
スクーター買うなら
是非このチャンス!!
期限
2月末日まで
抽籤日 3月28日
（於東京・日本劇場）
特賞 一本
17吋豪華テレビジョン，山葉ピアノ
一等 三本
三菱電気冷蔵庫，セントラル・テープレコーダー，米国製ゴルフ道具一式
二等 五本
電気洗濯機，三菱電動ミシン，カメラ（マミヤレックス），高級三面鏡，高級釣具セット
三等 三十本
三菱ダイヤトーン5球スーパー，舶来腕時計，高級ボストンバッグ，純毛洋服地一着分，シルバー携帯ラジオ
四等 百本
ショルダーバッグ，螢光灯スタンド，置時計，高級コーヒセット，高級煙草セット，旅行用化粧ケース
五等 残り全部 ピジョン型特製インクスタンド
Silver Pigeon
其の他詳細に関しては最寄の販売店に御問合せ下さい
新三菱重工業

「シルバーピジョン生産開始七周年記念」（新三菱重工業） 昭和28年1月11日（毎日）
平成天皇が皇太子時代に体験乗車され、平和のシンボルとしてピジョン（ハト）と名づけられた

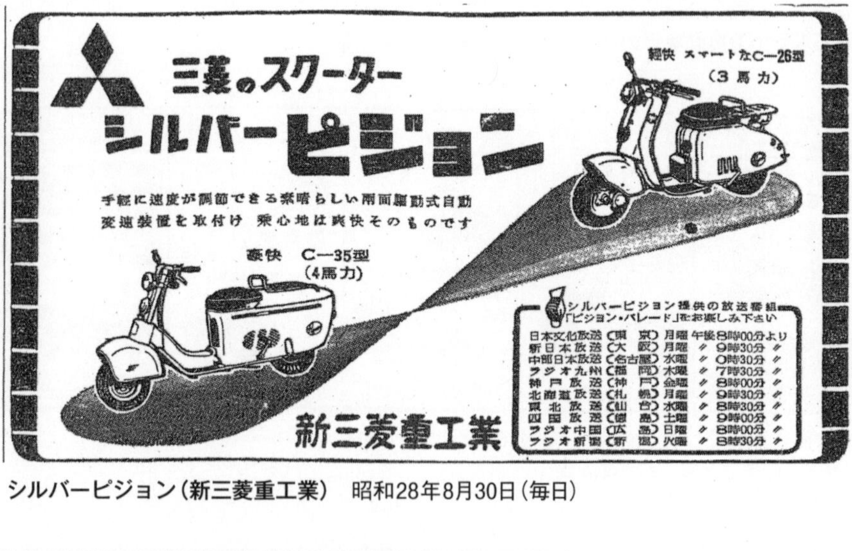
三菱のスクーター
シルバーピジョン
手軽に速度が調節できる素晴らしい両面駆動式自動変速装置を取付け 乗心地は爽快そのものです
軽快 スマートなC—26型
（3馬力）
豪快 C—35型
（4馬力）
シルバーピジョン提供の放送番組
「ピジョン・パレード」をお楽しみ下さい
日本文化放送（東 京）月曜 午後8時00分より
新日本放送（大 阪）月曜 〃 9時30分 〃
中部日本放送（名古屋）水曜 〃 0時30分 〃
ラジオ九州（福 岡）木曜 〃 7時30分 〃
神戸放送（神 戸）金曜 〃 8時00分 〃
北海道放送（札 幌）月曜 〃 9時30分 〃
東北放送（仙 台）水曜 〃 8時30分 〃
四国放送（徳 島）土曜 〃 9時00分 〃
ラジオ中国（広 島）日曜 〃 8時00分 〃
ラジオ新潟（新 潟）火曜 〃 8時30分 〃
新三菱重工業

シルバーピジョン（新三菱重工業） 昭和28年8月30日（毎日）

新発売
世界の水準を行く
シルバーピジョン
ピーター
デラックス
軽免許　210cc　（C―93型）
1. エンジンは　210cc 斜めサイドバルブエンジンで登坂力 17°　立当り 35馬力　燃費 46km/ℓ 最高速度　75km/h と　我国スクーター界の最高エンジンです
2. 三菱独特の自動変速装置付ですから　自転車に乗れない方でも簡単に乗れます
3. 前後輪ともブレーキ付ですから　制動距離は僅か7.5mで完全に停止します
4. アールズフオーク　油圧式ショックアブゾーバー　フオームラバーシートなどの完璧な緩衝装置により長時間走つても少しも疲れず　特別2等車と同じ乗心地です
5. 始動は容易で　而も確実安全　暴走やケッチンの心配がありません
新三菱重工業株式會社
全国統一現金正価　163,000円
（北海道地区のみ5千円高）
東京都中央郵便局区内

シルバーピジョン ピーターデラックス
昭和33年5月10日（朝日）

新発売
世界の水準を行く
シルバーピジョン
ピーター
デラックス
軽免許　210cc
（C－93型）
全国統一現金正価　163,000円
（但し北海道地区のみ5千円高）
最高出力 7HP 最高時速 75km
登坂力 17° 制動距離 7.5m
新三菱重工業株式會社

シルバーピジョン
ピーターデラックス
昭和33年5月18日（朝日）

ピジョンは3人兄妹!
全国統一現金正価
▶豪華な自家用車に
ピーター デラックス
軽免許 210cc 163,000円
▶荷物運搬・外交連絡に
ボビー デラックス
無免許 125cc 124,000円
▶通勤通学・ご婦人に
ボビー スタンダード
無免許 125cc 98,000円
(但し北海道のみ何れも5千円高)
シルバーピジョン

シルバーピジョン
昭和33年8月10日(朝日)

世界の疾風 ミシマの双翼!
最高級車
オリオン
53-B
ミシマの技術陣が誇る強力エンジンを備えた世界的高級車オリオン!
150CC O.H.V
10万円以下で買える大衆車
マイティー
53-1
ミシマの誇る高級車オリオンの強力エンジンを備えた大衆車!
4サイクル147.7CC
MISIMA
☆全国主要都市に代理店あり
製造発売 ミシマ軽発工業株式会社
本社 静岡県三島市木町 2348
東京出張所 東京都中央区日本橋本町1の6

オリオン・マイティー(ミシマ軽発工業)
昭和28年2月24日(毎日)
オリオンは高級車、マイティーは大衆車

HOPE STAR
軽自動三輪車
ホープスター
350cc 15馬力
共通部品使用
1954年型発表
本社新築移転
三輪車の大型化による不便を一掃した!
軽免許の小型三輪車
代理店募集
製造発売元
(旧株式会社ホープ商会)
ホープ自動車株式会社
東京都港区芝田町9－13 電話 45－8347

ホープスター
昭和29年3月12日(毎日)

ライナーS型（北川自動車工業）　昭和29年3月28日（毎日）

ホンダ ドリーム号　昭和30年1月6日(朝日)

ホンダ スーパーカブ
昭和34年10月30日(毎日)
本田宗一郎の「ソバ屋の出前持ちが片手で運転できるように」との発想に基づき開発された、世界に誇る低燃費の名車

58年型発売！
ホンダ
1カ年保証サービス付
全国統一現金正価
ドリーム号 250C.C.
2気筒4サイクル 18馬力 時速130粁
￥169,000.
（フラッシャー・バックミラー付）
ベンリイ号 125C.C.
最高時速 100粁 最大出力 9.5馬力
￥125,000.
（フラッシャー・バックミラー付）
本田技研工業株式会社

ホンダ ドリーム号・ベンリイ号　昭和32年10月1日（朝日）
ベンリイ号はテレビ映画「月光仮面」が乗っていたオートバイでもある

オ2回
浅間火山レース
出場全種目に圧倒的優勝！
2サイクルの
完全征覇
ヤマハオートバイ
ウルトラライト級（125cc）1.2.5位
ライト 級（250cc）1.2.3位
入賞
ヤマハ発動機株式会社
静岡県浜名郡浜北町中条

ヤマハ オートバイ　昭和32年10月24日（朝日）

日本で最初に発売された！
話題のセミスクータ
出足が素晴しい
自動遠心クラッチ
カタログ贈呈
サンライト
125c.c. クインモーペット号
東京・大阪・名古屋・福岡 三輝工業KK

サンライト クインモーペット号（三輝工業）
昭和33年8月20日（朝日）

自転車にかわる新しいのりもの
スズモペット
現金正価39,000円
(スピードメーターは含まず)
これはスズキが
誰でも買える……
誰でも乗れる……
との願いから打出した画期的な価格です
飛躍的大増産！
値下げ断行！
日本で一番多く売れているモペット……
それはスズモペットです。
急激に上昇したスズモペットの需要にお応えして、いよいよ量産設備と生産の合理化に成功したスズキが誰にでも乗っていたゞける為に、こゝに日本一安価なモペットとして大巾に値下げを断行しました。
鈴木自動車工業株式会社

スズモペット（鈴木自動車工業）
昭和33年12月11日（朝日）

世界最初の
500cc
空冷２サイクル
２５馬力
ヘルスのエムロ号
東京　ヘルス自動車工業株式会社　荒川

ヘルスのエムロ号
昭和32年9月13日（朝日）

自転車

自転車の新聞広告はきわめて少ない。昭和に入ってからよりもむしろ明治・大正期のほうが掲出量があり、その後は、新聞よりも雑誌などに多く登場した。

『日本産業史』（日経文庫）によると、敗戦直後の生産数はゼロに等しく、すでに普及していた自転車も、物資不足でタイヤの入手が困難だったため、車輪に縄を巻いて走ることもあった。わが家の近所にある布団屋のご主人も、しかたなくゴムホースで代用していた時期があったという。

昭和二十年代も終わろうというころになると、荷物を運搬する用の実用車とは明らかにカテゴリーの違う、個人のための軽快車が登場する。車体はスマートでギヤつき、カラフルなスポーツ車は瞬く間に若者たちを魅了し、サイクリングがブームとなった。

昭和四十年くらいまでは、自転車はまだまだ高く、どこの家でも大切にされていた。後に、一万円を切る低価格車や、駅前の放置自転車問題が出現することを予測できる者など、この時代にはほとんどいなかっただろう。

山口シルバー高級実用車　昭和33年5月4日（朝日）

高級な軽快車の広告。6ヵ月分割払いが好評だったという

夢の軽快車
ニューグランディで走ろう！
〈健康〉と〈美〉をつくる ナショナル自転車
直線と曲線が調和した、新感覚のフォルム。最新技術が完成した、スピード感あふれる超軽快車です。健康に、美容に、このニューグランディを！
■霧の中でも光る「フォグライト」 世界で初めて自転車に採用。濃霧の中でも安全に走れます。
■ヘッドライトは 角度調節ができます。
■テールライトは ダイナモが電源。走ると輝く
ナショナル
松下電器
感激の東京オリンピック記念〈ビニールレコード〉と〈絵はがき〉もれなく贈呈！
●9月末日まで
■"世紀の祭典"を永遠の思い出に……感激のシーン、歴史的瞬間を、音と写真で再現！
■ナショナル自転車お買上げの皆様に…もれなく〈記念レコード・絵はがき引換券〉を進呈。
■くわしくは、ナショナル自転車特約店・百貨店で…。
現金正価 25,900円 月賦定価 27.500円

ナショナル自転車　昭和39年8月9日（朝日）

自転車は
ナショナル
若乃花もご愛用
サイクリングは脚・関節・心臓などを強化し、血行を良くするなど、健康の増進に非常に役立ちます。横綱 若乃花関も脚の関節をつよくするために軽くて乗りよい、スマートなナショナルスポーツ車をご愛用です。
ナショナル
スポーツ車
SS−2
松下電器産業株式会社

ナショナル スポーツ車　昭和33年5月18日（朝日）

日野ルノー

日野ルノーは、昭和二十八（一九五三）年に日野ヂーゼルがフランスのルノー社と技術提携して部品を輸入し、ノックダウン方式で製造した４ドアの乗用車である。

　ある程度の年代の人なら、多少なりとも見かけたことがあると思う。燃費のよさや手ごろなサイズ感から、その後のモータリゼーションの引き金の一つにもなったとされている。

　当時は、外国車を国内で初めて生産するということで、ずいぶん話題にな

あなたの欲しかった車が出た！
あなたのご要求を完全に解決してゐないか？
第1に―値段が安い―
第2に―維持費が僅少ですむ―
第3に―乗心地が快適で堅牢だ―
第4に―小型ながらゆつたり―
第5に―大都市の雑踏や狭い道路には最適―
第6に―山路では二倍の力―
＝これがルノーてす＝
RENAULT 4CV
待望の小型乗用車ルノー愈々発売開始!!
【特長】
日野ヂーゼルが
安価大量に提供!!
国産自動車三五年、吾国最古の歴史を持つ当社日野ヂーゼル工業は、ヨーロッパ最古最大の自動車工場仏国営ルノー社と提携戦後世界のベストセラー優秀乗用車ルノーを組立発売することになりました
ルノ車は吾社の手で逐次国産化されます。日野工場構内には近代的設備と高能率を誇る大組立工場が新設され国産化の第一歩を踏み出しました。
Hino
日野ヂーゼル工業株式会社
総発売元
日野ルノー販売株式会社
東京都中央区日本橋通二丁目四番地
（全国代理店所在地）東京 横浜 静岡 名古屋 大阪 京都 神戸 広島 岡山 山口 福岡 長崎 大分 熊本 松山 札幌 仙台 富山

昭和28年3月27日（日経）

ったものだったが、昭和三十八年に生産打ち切り。それまでに約三万五千台を生産した。

４ドアタイプながら小さく、小回りが利くことから、タクシーに利用されることも多かった。昭和三十年代には、歩合給で稼ぐために強引な運転をする「神風タクシー」と呼ばれるタクシーが続出したが、そんな時代の代表的な一台でもある。ちなみに、日野ルノーが完全に国産化した昭和三十三年当時、首都圏でのタクシーの初乗り料金は六十円だった。

Hino
月々
25,000円で
ルノーの新車が
あなたのものに
100％国産化完了
・一日の費用は、わずか255円
・ずぶの素人でもすぐ運転できます
・どんな道でも乗心地がすばらしい
・堅牢なモノコックボデー
60
都内のルノータクシーは六〇円になりました。
日野ヂーゼルの
ルノー
下記の販売会社でご用命をお待ちしております
東京 品川（44）9251〜9・新宿（35）6111〜4・蒲田（73）0968・0870・2588・横浜（8）2821〜3・横須賀2265・埼玉 熊谷2126・千葉 千葉1319・2933・3412・茨城 土浦1542・山梨 甲府8091・群馬 高崎2208・栃木 宇都宮2749・6263・7566
昭和33年3月5日（朝日）

第五章 娯楽の広告

不二家のミルキー
はえある栄冠は？
三菱テレビ
ROYAL CROWN COLA
クラウンコーラ
シャープテレビ
平和と治安はわれらの
警察予備隊員
昭和27年 5月5日
新発売
アーモンドグリコ
二度おいしいアーモンド
ALMOND Glico
グリコの3つの新製品で…
人形をさしあげます
グリコ ファイブ
ビスコ
サンヨー 冷蔵庫
3つのスピーカーから ゆたかな立体音
キャラメル
洗濯のテキスト
日立電気洗濯機
新学期には先ず駆虫！
回虫・十二指腸虫・ぎょう虫が同時にとれる
虫くだし
アスキス
不二家のフランスキャラメル
いわし
Toshiba
鮮明な画像….
伝統の技術
多年に亘る研究の成果！
東芝テレビセット
奥さまの声をたえず設計にとり入れています！
スーパー噴流式
サンヨー電気洗濯機
雪印のおやつ
話題の中心
角壜1本で文化住宅が当る
スピードをとらえる…
リコーS2
新発売
RICOH
キング

映画

昭和三十年代前半にテレビが普及し始めるまでは、庶民の人気ナンバーワンの娯楽といえば、なんといっても映画だった。

日本全国の映画館数のピークは昭和三十五（一九六〇）年の七四五七軒。ピーク時の入場者は年間十一億人以上で、国民一人が年間に約十二回は映画を観ていた計算になる。このころの日本映画界は、大手の松竹・東宝・大映の三社に東映・新東宝・日活が加わり、最も充実した時代でもあった。

昭和二十六年に日本初のカラー映画（当時は「総天然色」と呼ばれていた）『カルメン故郷に帰る』（松竹）が、昭和二十八年には大ヒット作『君の名は』（松竹）が上映された。その後、『羅生門』（昭和二十五年・大映）、『ゴジラ』（昭和二十九年・東宝）、『七人の侍』（同年・東宝）、『太陽の季節』（昭和三十一年・日活）などなど、名作が続々と登場していった。

日本映画封切り館の入場料は、昭和三十二年ころは大人一人あたり百円だったが、昭和四十年代になるころには三百五十円にまで上がっていた。

松竹大作2本立
爆笑、お色気まんじ巴！
浮世風呂
この娘この母に罪ありや
真昼の惨劇
明24日封切
新東宝2本立！
明日(日曜)公開
女剣戟王
宇治みさ子の
緋ぢりめん女大名
グランプリ
戦争と貞操
TOHO SCOPE
総天然色
26日
全東宝系一斉封切
東京から九州へ！漫画顔負け珍道中
サザエさんの婚約旅行
信用ある日活映画
幽霊になった殺し屋が捲きおこす怪事件！日本中を笑殺する戦慄の必笑武勇伝！
酔いどれ幽霊
柳沢真
白木マリー
西村晃
香月美奈子
中島そのみ
大泉滉
26日・日活系公開
続く話題作
明日を賭ける男
★読売新聞連載「上と下」より★
原作・井上友一郎

『浮世風呂』（松竹）ほか数本　昭和33年8月23日（朝日）

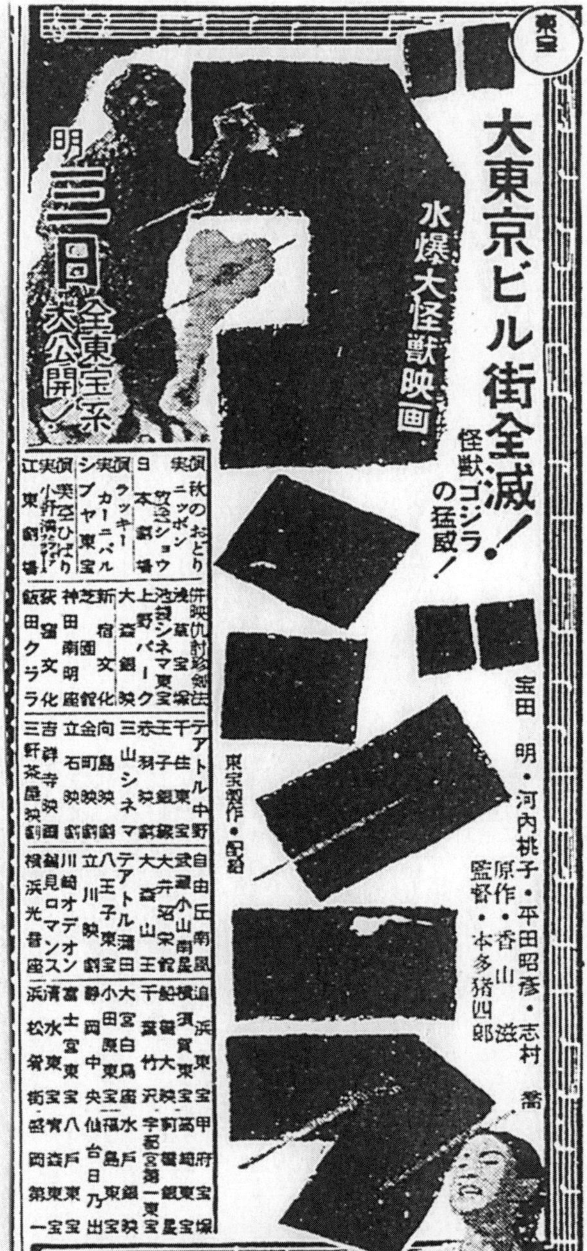
東宝
大東京ビル街全滅！
水爆大怪獣映画
怪獣ゴジラの猛威！
ゴジラ
宝田 明・河内桃子・平田昭彦・志村 喬
原作・香山 滋
監督・本多猪四郎
東宝製作・配給
明三日 全東宝系 大公開！

『ゴジラ』（東宝）　昭和29年11月2日（朝日）

映画、もうちょっと

ぼくが子供のころは、銭湯をはじめ、街の至るところに映画のポスターが貼られていた。映画館の外には上映中の映画の大きなペンキ絵みたいな看板が掛けられていて、前を通りがかるだけでも胸がときめいたものだ。

中の椅子は赤いビニール張りで、アンパンやキャラメルなどのお菓子が入った箱を首から下げた物売りがいた。煙草を吸う人が多く、いまではめったにないが、立ち見客も多かった。

当時は、いまのように上映前のコマーシャルなどない代わりに、ニュースが流れていた。アナウンサーの語り口が独特で、聞いていると、「これから映画が始まるんだ」というワクワク感がいやが上にも高まってくる。

ところが、この時代は、途中でよくフィルムが切れていたから、上映が中断するたびに客が「ワーッ」と騒いだ。二番館や三番館などでは、上映が終わったとたんにフィルムを金属製の丸い缶に入れ、待機させたオートバイで別の映画館に運んでいたから、フィルムも酷使されていたのだろう。

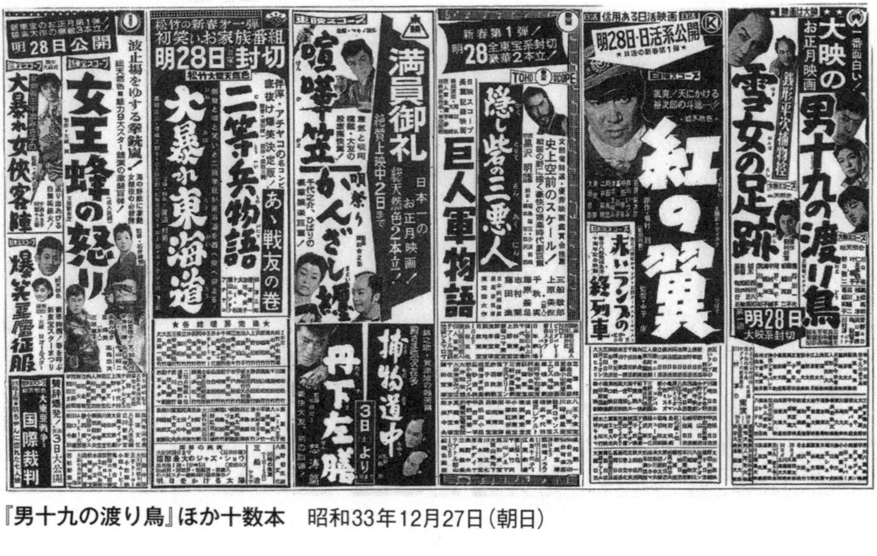

『男十九の渡り鳥』ほか十数本　昭和33年12月27日（朝日）

『征服されざる西部・ごろつき決死隊』
昭和35年6月4日（毎日）

『眠れる森の美女』ほか４本
昭和35年12月22日（朝日）

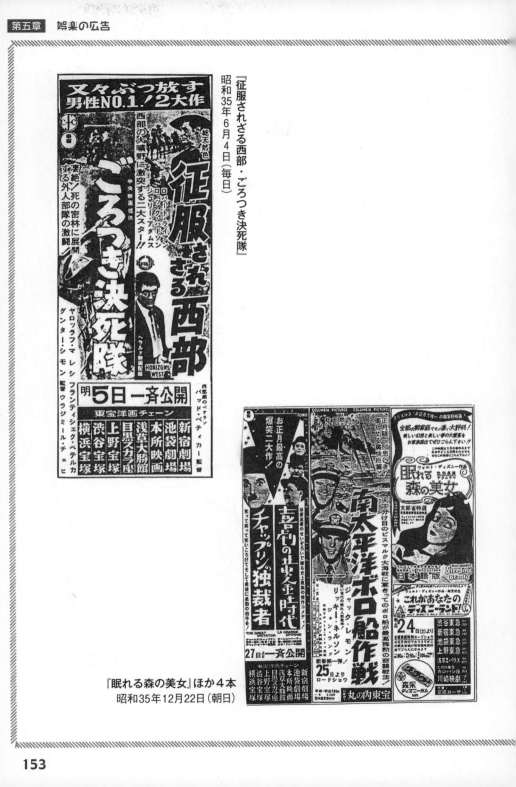

カメラ

　カメラの広告が新聞に登場したのは戦後になってから。その数は、一般向けの国産カメラが製造されるようになった昭和三十年ごろから急増する。

　昭和三十年代初期の国産カメラは、だいたい二万円から五万円程度。平均的な公務員の初任給が一万円ほどだったことを考えれば、当時としては高めといえるだろう。フィルムもけっこう高価だったので、七五三やハレの日の記念写真は、写真館を利用して撮影するのが一般的だった。

　種類は少ないながら、子供向けカメラも発売されていた。特に有名なのは昭和三十二（一九五七）年に発表された「フジペット」で、広告には、当時子役として人気のあった松島トモ子が登場している。

　高度経済成長期に入ると、庶民の生活の中でカメラが活躍する機会も増えた。一方で、写真館の数は減少している。ちなみにわが家で最初にカメラを買ったのは、昭和三十八年。機種はキヤノンの「デミ」（当時一万八百円）。翌年に開催される東京オリンピックを見据えての購入だった。

新製品
ライトバリュー式カメラ
革新的ライトバリューシステムをとり入れた最新型カメラが日本で初めて完成しました
露出計のライトバリューをシャッター部に合わせるだけの簡単な操作で　適正な絞りとシャッター速度が同時にきまりどなたでもすばらしい写真が写せます
●シャッター　絞りが自動調整される セイコーシャMXL
●専用露出計　ライトバリュー直読式 トプコンメーター
トプコール F2付
¥35,000
トプコン-L
東京光学 東京都板橋区内
トプコン-L（東京光学）　昭和32年4月4日（朝日）

心のこもつた贈物 コニカⅢ型
一年分
ブロニーか ベスト 36本
又は 35% 24本
一月分
ブロニーか ベスト 8本
又はベスト35% 2本
手に取って細かく御覧下さい
小西六の長い歴史と伝統による確かな技術によってつくられた秀れた機構がわかります。
シャープなヘキサノン F2 レンズ
明るく見易い補色連動距離計堅牢な狂いのないボデー
革ケース付 ￥31,500
さくらフイルムの小西六写真工業

コニカⅢ型（小西六写真工業）昭和33年1月5日（毎日）
日本初のフロントレバー式巻き上げ機構

スピードをとらえる……
リコーS2
新発売
F2.8
右でシャッター、左でトリガーレバーと両手を使いわけるリコーカメラは、ファインダーから目を離さずに、動く被写体を追って次から次へ、10秒間に10枚の連続撮影がたのしめます。
●巻上角度わずか90°のトリガー速写レバー
●明るく見やすいトリミングファインダー（連動距離計兼用）
●コードなしでシンクロ撮影できるコンタクト
シチズンMXV 1/400
セルフタイマー内蔵
カメラ ￥13,000
ケース ￥ 1,500
リコー519デラックス F1.9
・世界に誇るセイコーシャMXLシャッター
・等倍トリミングファインダー
・巻上角度わずか90°のトリガー速写レバー
・押すだけでピントが合うデュオレバー
カメラ ￥22,000
ケース ￥ 1,500
RICOH
東京・銀座3−1　理研光学工業株式会社
業界随一を誇る全国サービス網　東京・大阪・名古屋・福岡・札幌・仙台
豪華カタログ進呈券
NA1
ハガキに貼ってお申込み下さい

リコーS2（理研光学工業）昭和33年5月4日（朝日）

✱カメラの世界チャンピオン
●米国宇宙船に採用された世界最高の完全EEカメラ
minolta
●ボタンを押すだけで誰でも写せる
宇宙カメラ
ミノルタハイマチック
●定評あるロッコール45ミリF2付
カメラ ¥18,800／ケース ¥1,700
創業35周年記念
ミノルタ
スプリングセール
実施中
〈5月10日迄〉
5000名に
シチズン腕時計
が当る！
■ミノルタカメラお買いあげの際添付された愛用者カードをミノルタカメラ宛5月15日〈消印有効〉までにお送りくだされば抽せん券をさしあげます
■当せん発表
6月2日頃／有力日刊紙上・カメラ店店頭
TV〈ミノルタボクシングアワー〉
ミノルタカメラ株式会社
東京都中央区銀座東6-7 カタログ進呈（朝日と記入）
TV提供番組〈ミノルタボクシングアワー〉
8チャンネルフジテレビ／毎週日曜ヨル9時45分より1時間

ミノルタ ハイマチック
昭和38年5月6日（朝日）

原子NO.
57
Lanthanium
Yashica
新らしいレンズ
ヤシカ35で始めて採用された、ヤシノンF1.9 F2.8ニュータイプレンズは、日本の光学技術の進歩を世界に決定づけた原子NO.57ランタニューム使用による、理想的最優秀写真レンズです・・・・
F1.9のレンズ構成
★ヤシカ35 F1.9付
¥17,000
（高級革ケース ¥1,000 フィルター ¥480）
F2.8のレンズ構成
★ヤシカ35 F2.8付
¥11,550
（高級革ケース ¥1,000 フィルター ¥480）
☆ヤシカ8mm ヤシカレフ 各種 絶讃発売中☆
YASHICA 35
☆ヤシカ35及びヤシカ製品のカタログ進呈（紙名記入）
八洲光学工業株式会社 東京・日本橋室町1〜8

YASHICA35（八洲光学工業）
昭和33年5月9日（朝日）

ぼくだって写せるよ
コニレットⅡは、お子様用として小西六が自信をもっておすすめ出来るカメラです。使い易くて充分な機能をもっていますから、いつまでも、楽しく使っていただけます。
コニターレンズは最高級カメラに比し全く損色がなく専門家にも定評があります。
¥3.300
ケース ¥450
フイルム 12枚撮 ¥100
コニレットⅡ
小西六写真工業

コニレットⅡ（小西六写真工業）
昭和33年3月23日（朝日）
ボディはベークライト製

世界の8大カメラ
新発売
F 1.8
自動絞り
1/1000秒
明るさに比類ない解像力を加えたオートタクマー55ミリ万能標準レンズ
ピント合わせは明るく撮影の時は瞬間に絞られる
どんなに遠い被写体も鮮やかに写しとめることができる高速度シャッター
一眼レフの専門メーカーが長年の経験を生かしてつくったからこそこの価格で高性能カメラができました
K型
アサヒ
ペンタプリズム式 35ミリ一眼レフ
ペンタックス
¥50,200
特製ソフトケース ¥1,300
くわしくは 紙名ご記入の上カタログご請求下さい。製品をごらんになりたい方は サービスセンターにございます
旭光学商事株式会社
お問い合せはすべて
東京サービスセンター

アサヒ ペンタックス
昭和33年5月16日（朝日）

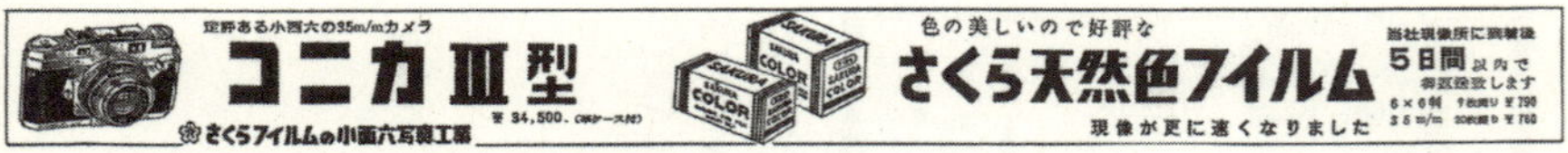
定評ある小西六の35m/mカメラ
コニカⅢ型
¥34,500.（革ケース付）
さくらフイルムの小西六写真工業
SAKURA COLOR
色の美しいので好評な
さくら天然色フイルム
現像が更に速くなりました
当社現像所に到着後
5日間以内で
御返送致します

さくら天然色フイルム（小西六写真工業）　昭和32年9月13日（朝日）

ピント合わせもいりません
新発売
すぐれた技術で世界の写真をリードする
Kodak
このマークのお店で手にとってごらんください
Kodak インスタマチック
cameras
50型カメラ
このシリーズのなかでもっともシンプルでおもとめやすい価格のカメラです　3,600円
100型カメラ
フラッシュ装置を内蔵どんな暗いところでも自由に写真がとれるカメラです　5,950円
300型カメラ
EE機構とフラッシュ装置を内蔵、つねに適正露光で写真を写せるカメラです　18,650円
■このほか400型21,950円、500型39,950円があります
長瀬産業株式会社コダック製品部 東京都中央区日本橋小舟町2の3　新聞名記入のうえパンフレットをご請求ください

Kodak インスタマチック
昭和39年8月5日（朝日）

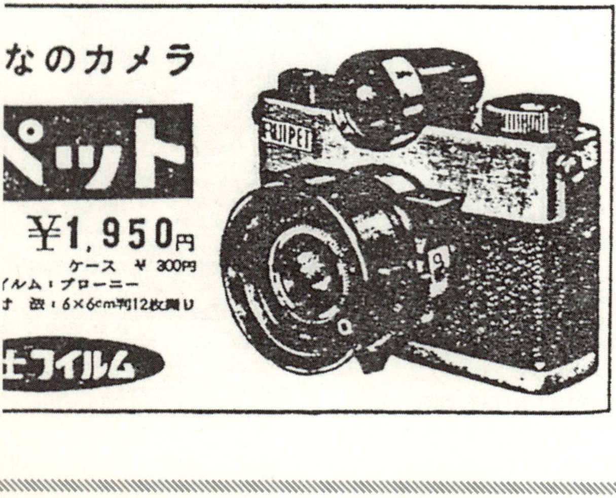
なのカメラ
ペット
¥1,950円
ケース ¥ 300円
ィルム：ブローニー
寸 法：6×6cm判12枚撮り
士フイルム
FUJIPET

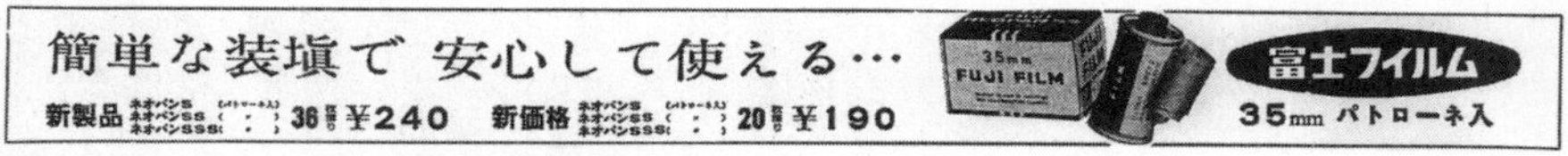
簡単な装塡で 安心して使える…
新製品 ネオパンS ネオパンSS ネオパンSSS 36 ¥240
新価格 ネオパンS ネオパンSS ネオパンSSS 20 ¥190
35mm FUJI FILM
富士フイルム
35mm パトローネ入

富士フイルム　昭和32年10月26日（朝日）

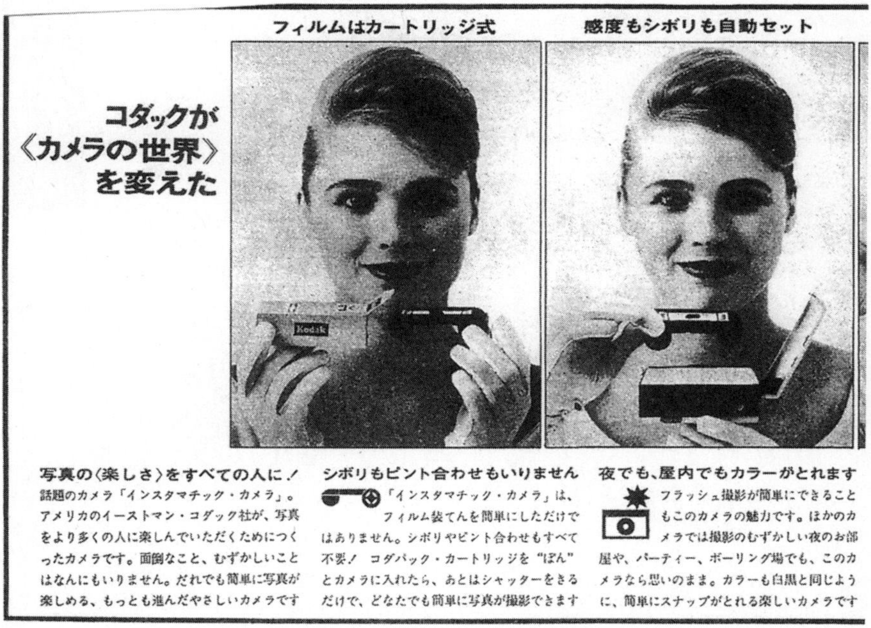
コダックが《カメラの世界》を変えた
フィルムはカートリッジ式
感度もシボリも自動セット
Kodak
写真の〈楽しさ〉をすべての人に！
話題のカメラ「インスタマチック・カメラ」。アメリカのイーストマン・コダック社が、写真をより多くの人に楽しんでいただくためにつくったカメラです。面倒なこと、むずかしいことはなんにもいりません。だれでも簡単に写真が楽しめる、もっとも進んだやさしいカメラです
シボリもピント合わせもいりません
「インスタマチック・カメラ」は、フィルム装てんを簡単にしただけではありません。シボリやピント合わせもすべて不要！ コダパック・カートリッジを"ぽん"とカメラに入れたら、あとはシャッターをきるだけで、どなたでも簡単に写真が撮影できます
夜でも、屋内でもカラーがとれます
フラッシュ撮影が簡単にできることもこのカメラの魅力です。ほかのカメラでは撮影のむずかしい夜のお部屋や、パーティー、ボーリング場でも、このカメラなら思いのまま。カラーも白黒と同じように、簡単にスナップがとれる楽しいカメラです

誰でも写せるみん
新発売

フジペット（富士フイルム）昭和32年9月21日（朝日）
カメラの大衆化に貢献した子供向けカメラ

飛行機旅行

昭和二十九（一九五四）年当時の片道の航空運賃は、アメリカ西海岸で十七万五千七百円、沖縄だと三万二百五十円。これは相当な額だが、三十年代に入ると、少しずつではあるが飛行機の利用も盛んになってきた。

航空運賃が、なんとか庶民でも手の出せる価格になってきたのは、東京オリンピックが開催された昭和三十九年に海外旅行が自由化されてから。翌年には日本航空が「ジャルパック」と名づけた初の海外旅行ツアーを商品化。基本的には団体行動で、ホテル代からチップまで海外旅行に必要なものすべてをパッケージングし、出発から帰国までのすべてを添乗員が世話をしてくれる、当時としては画期的なツアーだった。旅行代金の一割を頭金とするローンも登場して話題になった。

昭和四十二年には日本航空が世界一周路線の運航を開始。四十五年には、日本に就航したジャンボジェットの一番機であるボーイング747型機が羽田に着陸。以降、飛行機を利用した海外旅行の需要は急激に増加していった。

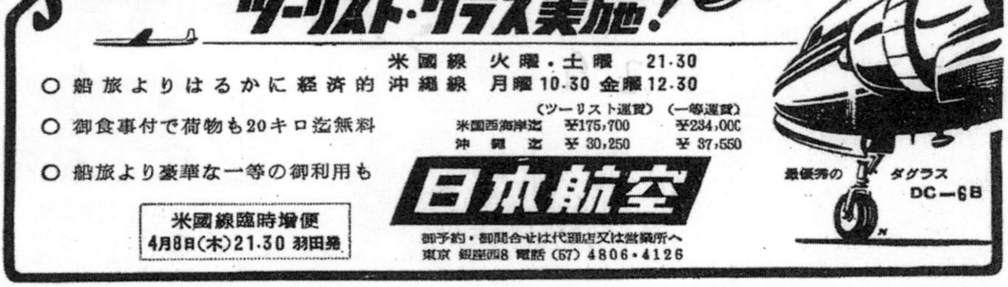
JAL
4月1日より
ツーリスト・クラス実施！
米國線 火曜・土曜 21.30
沖縄線 月曜10.30 金曜12.30
○ 船旅よりはるかに経済的
○ 御食事付で荷物も20キロ迄無料
○ 船旅より豪華な一等の御利用も
（ツーリスト運賃）（一等運賃）
米国西海岸迄 ￥175,700 ￥234,000
沖縄迄 ￥30,250 ￥37,550
日本航空
御予約・御問合せは代理店又は営業所へ
東京 銀座西8 電話（57）4806・4126
米國線臨時増便
4月8日（木）21.30 羽田発
最優秀の ダグラス DC—6B

日本航空　昭和29年3月23日（毎日）

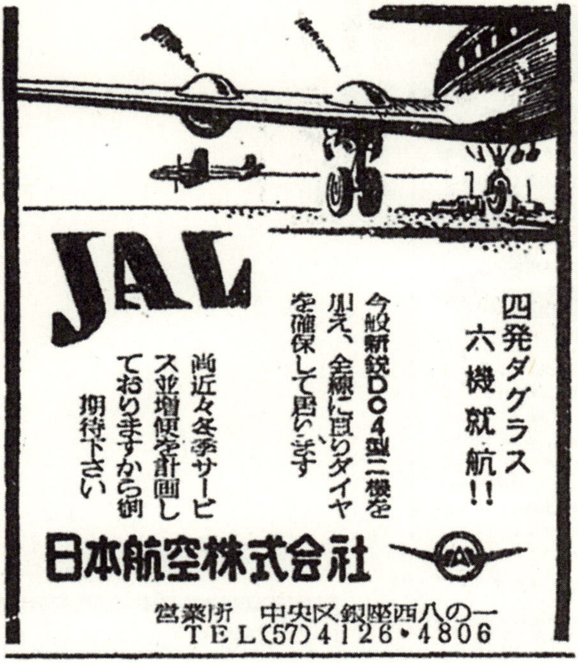

日本航空 昭和28年1月18日(毎日)

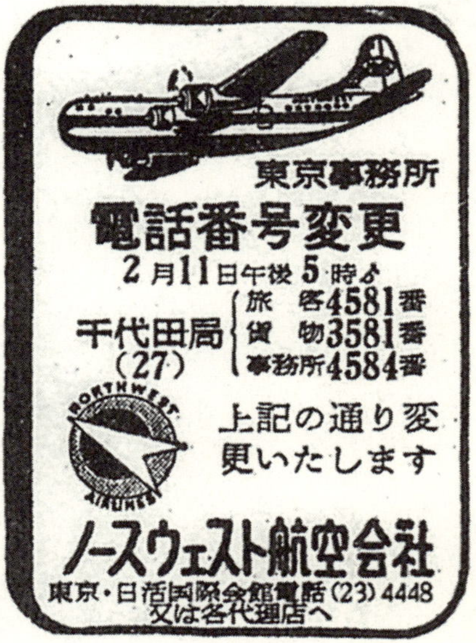

ノースウェスト航空 昭和28年2月1日(朝日)

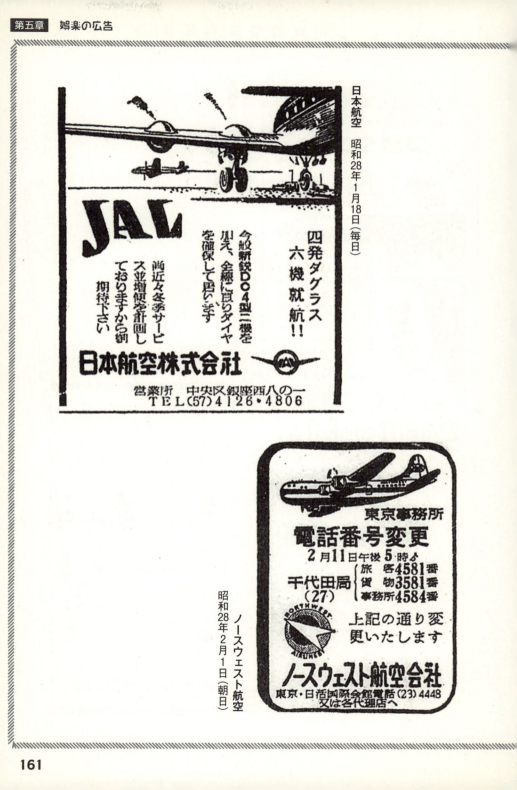

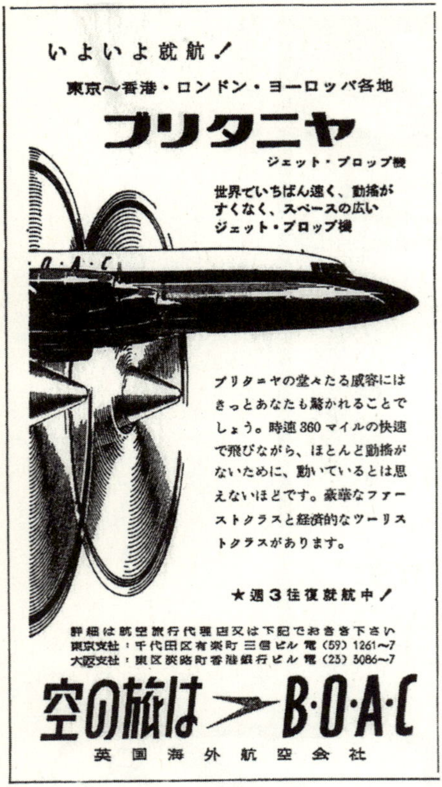

英国海外航空
昭和32年9月4日（朝日）

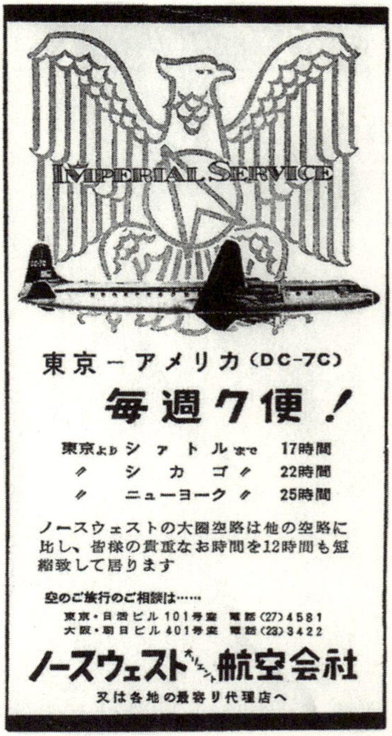

ノースウェスト航空
昭和32年9月6日（朝日）

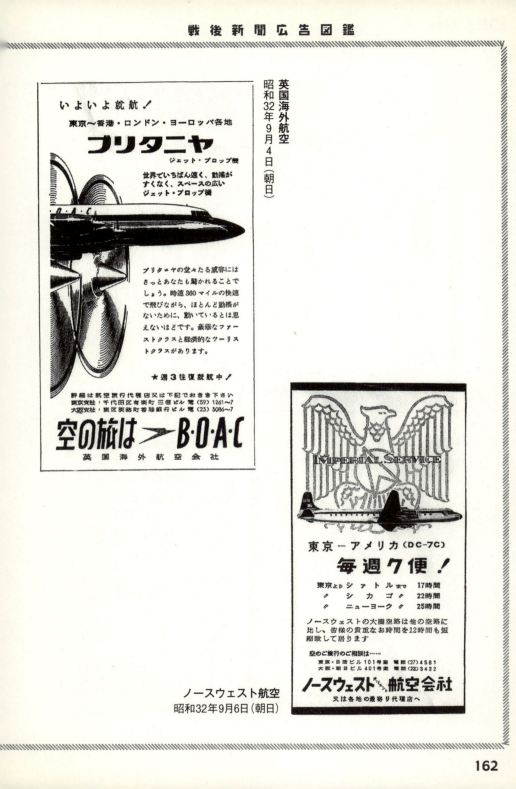

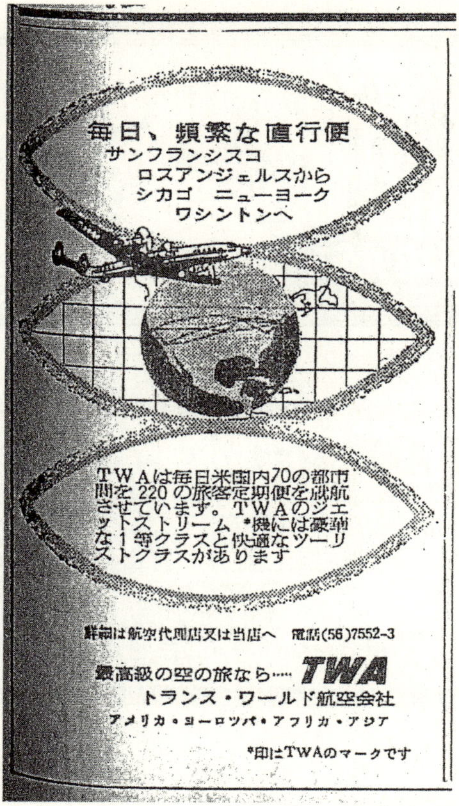

トランス・ワールド航空
昭和33年11月14日（日経）

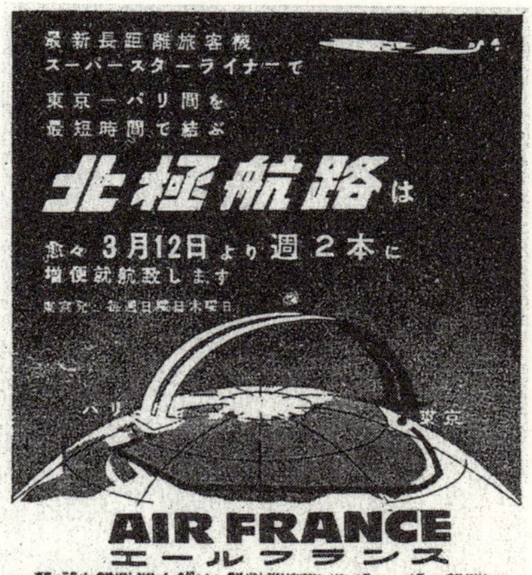

エールフランス
昭和34年2月21日（日経）

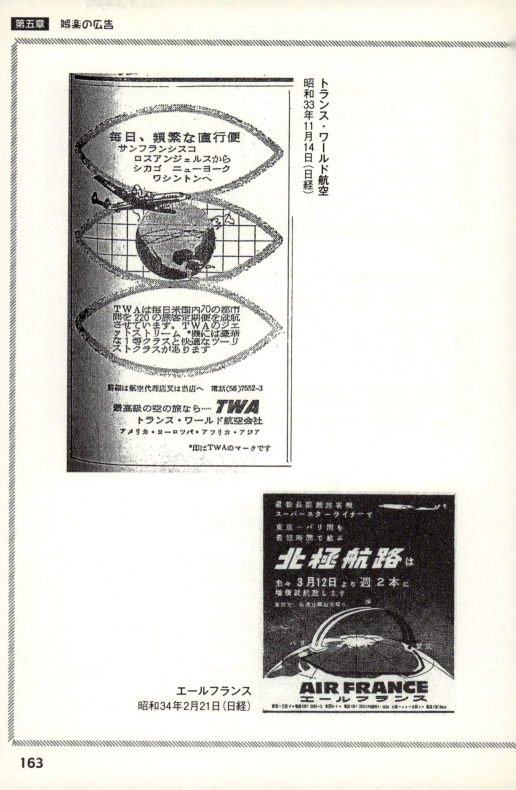

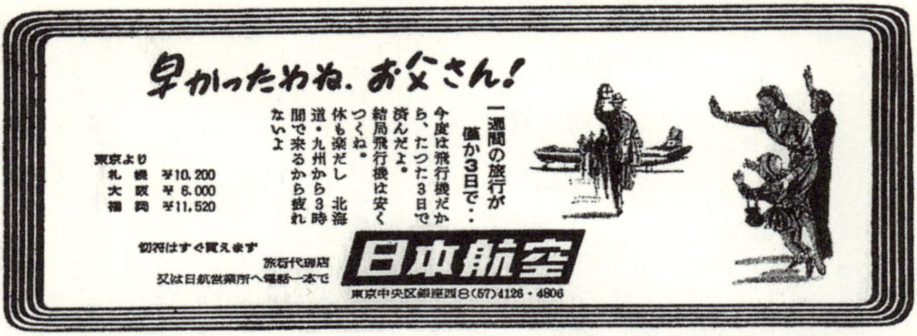

日本航空　昭和30年1月27日（朝日）

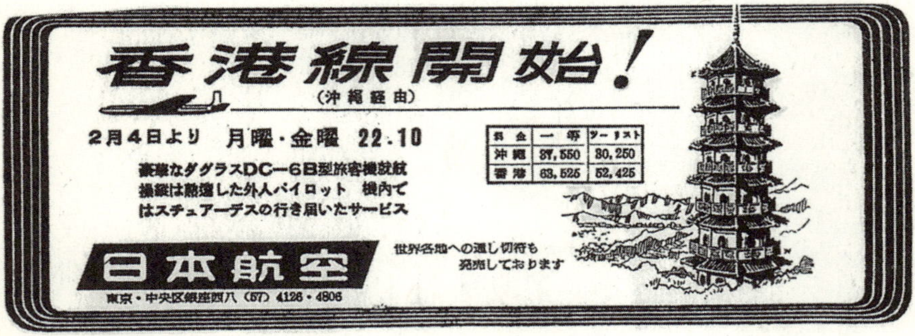

日本航空　昭和30年1月30日（朝日）

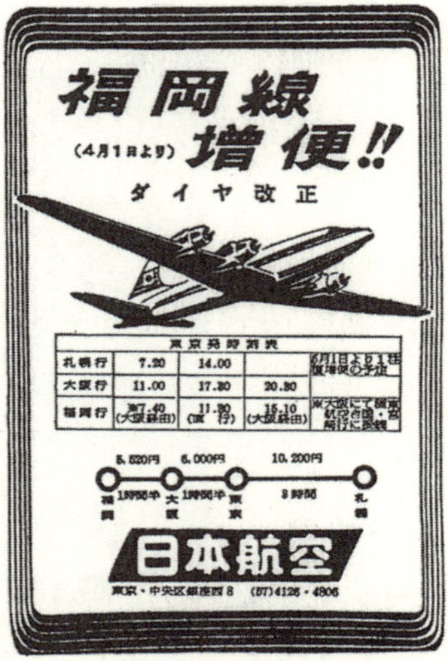

日本航空　昭和30年3月24日（朝日）

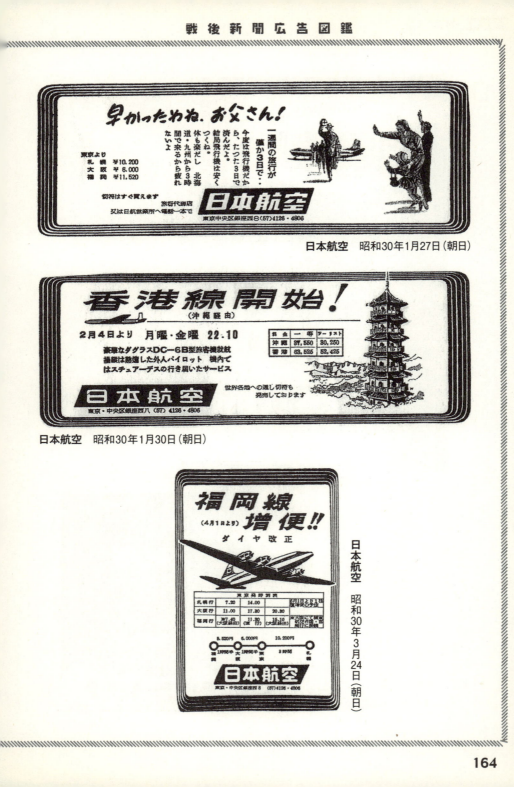

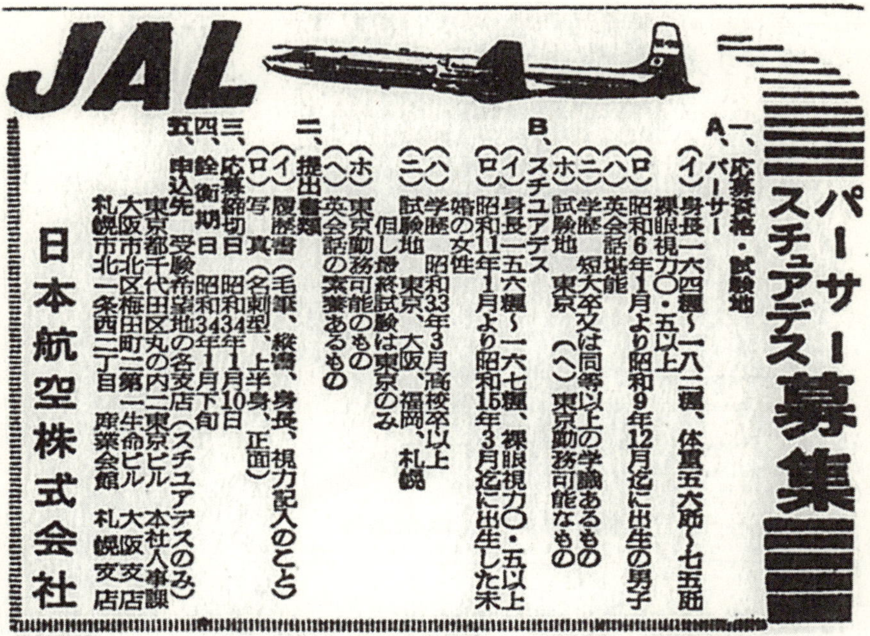

「パーサー・スチュアデス募集」(日本航空)
昭和33年12月26日(朝日)
センチメートルが「糎」、キログラムが「瓩」、
履歴書が毛筆となっているのが時代を物語る

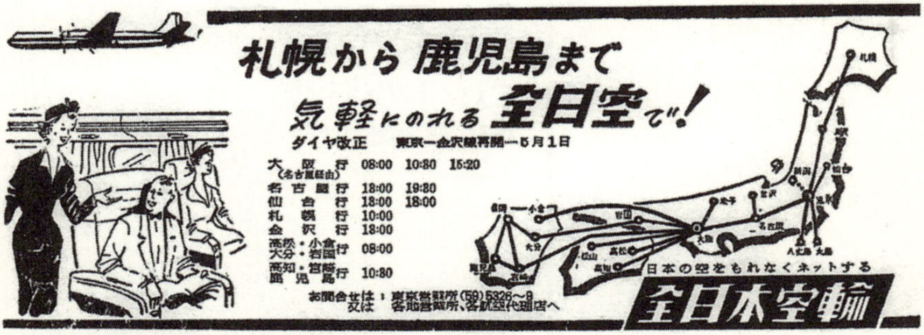

全日本空輸 昭和33年5月4日(朝日)
全日本空輸は、後の「全日空」。当初は国内専門航空会社としてスタートした

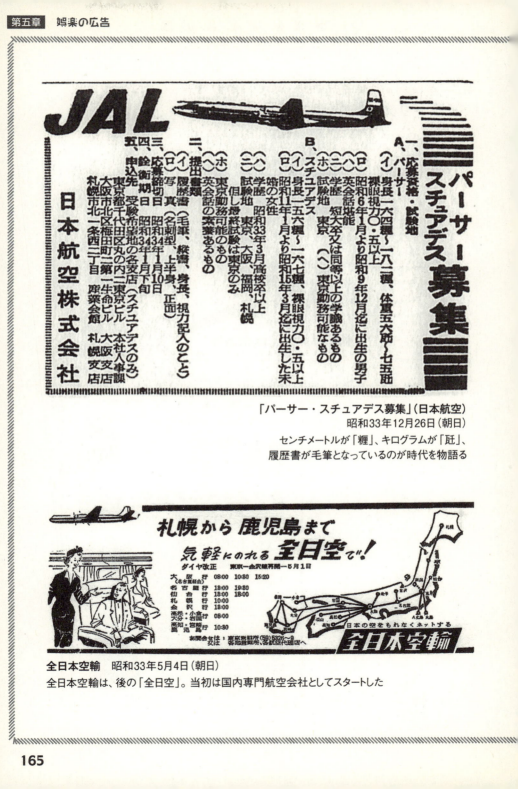

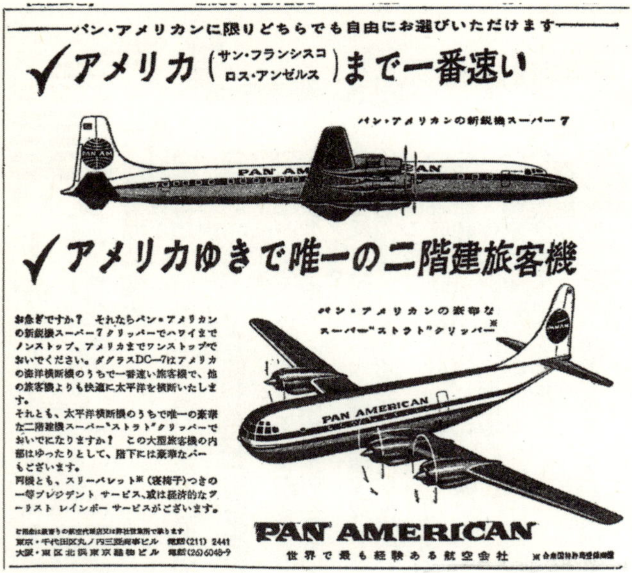

パン・アメリカン航空
昭和33年12月25日（朝日）

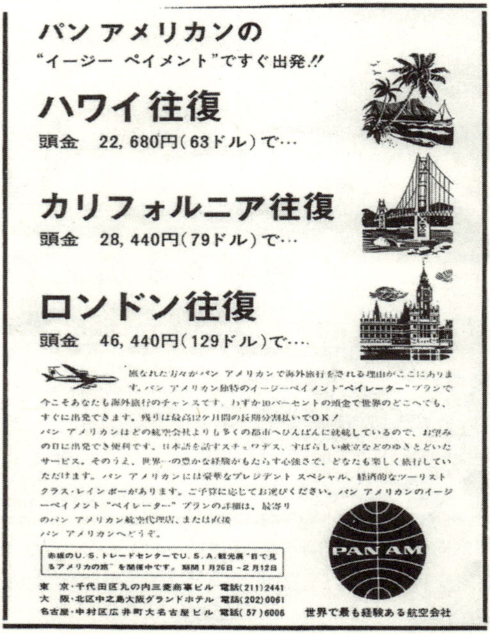

パン・アメリカン航空
昭和40年1月31日（朝日）

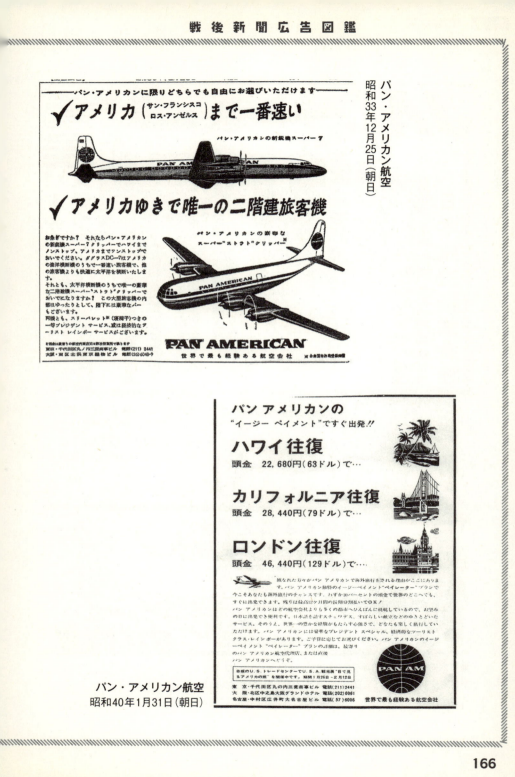

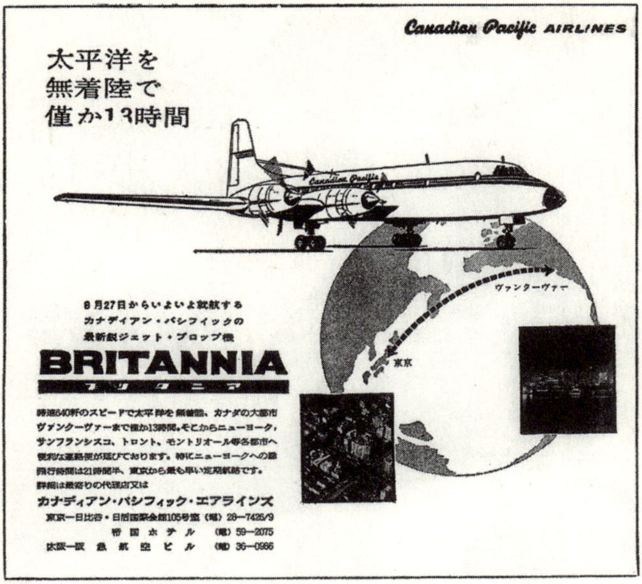
Canadian Pacific AIRLINES
太平洋を
無着陸で
僅か13時間
Canadian Pacific
ヴァンクーヴァー
東京
8月27日からいよいよ就航する
カナディアン・パシフィックの
最新鋭ジェット・プロップ機
BRITANNIA
時速640粁のスピードで太平洋を無着陸、カナダの大都市
ヴァンクーヴァーまで僅か13時間。そこからニューヨーク，
サンフランシスコ、トロント、モントリオール等各都市へ
便利な連絡便が延びております。特にニューヨークへの総
飛行時間は21時間半、東京から最も早い定期航路です。
詳細は最寄りの代理店又は
カナディアン・パシフィック・エアラインズ
東京―日比谷・日活国際会館105号室（電）28―7426/9
帝国ホテル（電）59―2075
大阪―阪急航空ビル（電）36―0986

カナディアン・パシフィック・エアラインズ　昭和33年8月10日（朝日）

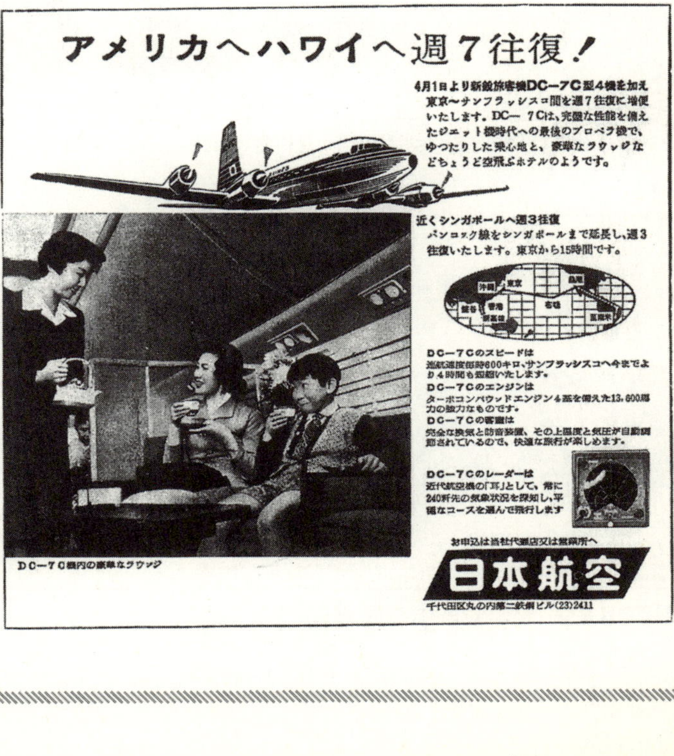
アメリカへハワイへ週7往復！
4月1日より新鋭旅客機DC―7C型4機を加え
東京〜サンフラッシスコ間を週7往復に増便
いたします。DC―7Cは、完璧な性能を備え
たジェット機時代への最後のプロペラ機で、
ゆつたりした乗心地と、豪華なラウッジな
どちょうど空飛ぶホテルのようです。
近くシンガポールへ週3往復
バンコック線をシンガポールまで延長し、週3
往復いたします。東京から15時間です。
沖縄
東京
香港
DC―7Cのスピードは
巡航速度毎時600キロ、サンフラッシスコへ今までより4時間も短縮いたします。
DC―7Cのエンジンは
ターボコンパウンドエンジン4基を備えた13，600馬力の強力なものです。
DC―7Cの客室は
完全な換気と防音装置、その上温度と気圧が自動調節されているので、快適な旅行が楽しめます。
DC―7Cのレーダーは
近代航空機の「耳」として、常に240粁先の気象状況を探知し、平穏なコースを選んで飛行します
DC―7C機内の豪華なラウッジ
お申込は当社代理店又は営業所へ
日本航空
千代田区丸の内第二鉄鋼ビル(23)2411

日本航空　昭和33年3月6日（朝日）

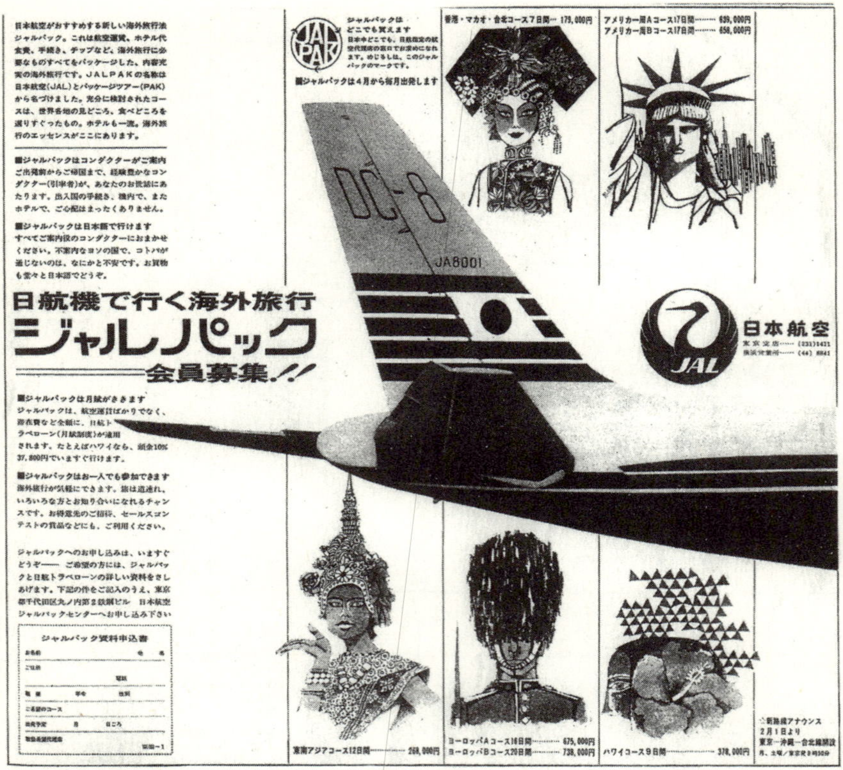
日本航空がおすすめする新しい海外旅行法ジャルパック。これは航空運賃、ホテル代食費、手続き、チップなど、海外旅行に必要なものすべてをパッケージした、内容充実の海外旅行です。JALPAKの名称は日本航空(JAL)とパッケージツアー(PAK)から名づけました。充分に検討されたコースは、世界各地の見どころ、食べどころを選りすぐったもの。ホテルも一流。海外旅行のエッセンスがここにあります。
■ジャルパックはコンダクターがご案内
ご出発前からご帰国まで、経験豊かなコンダクター(引率者)が、あなたのお世話にあたります。出入国の手続き、機内で、またホテルで、ご心配はまったくありません。
■ジャルパックは日本語で行けます
すべてご案内役のコンダクターにおまかせください。不案内なヨソの国で、コトバが通じないのは、なにかと不安です。お買物も堂々と日本語でどうぞ。
日航機で行く海外旅行
ジャルパック
会員募集!!
■ジャルパックは月賦がききます
ジャルパックは、航空運賃ばかりでなく、滞在費など全額に、日航トラベローン(月賦制度)が適用されます。たとえばハワイなら、頭金10% 37,800円でいますぐ行けます。
■ジャルパックはお一人でも参加できます
海外旅行が気軽にできます。旅は道連れ、いろいろな方とお知り合いになれるチャンスです。お得意先のご招待、セールスコンテストの賞品などにも、ご利用ください。
ジャルパックへのお申し込みは、いますぐどうぞ―― ご希望の方には、ジャルパックと日航トラベローンの詳しい資料をさしあげます。下記の件をご記入のうえ、東京都千代田区丸ノ内第2鉄鋼ビル 日本航空ジャルパックセンターへお申し込み下さい
ジャルパック資料申込書
ご希望のコース
出発予定 月 日ごろ
JALPAK
ジャルパックはどこでも買えます
日本中どこでも、日航指定の航空代理店の窓口でお求めになれます。めじるしは、このジャルパックのマークです。
■ジャルパックは4月から毎月出発します
DC-8
JA8001
香港・マカオ・台北コース7日間… 179,000円
アメリカー周Aコース17日間……… 639,000円
アメリカー周Bコース17日間……… 656,000円
JAL
日本航空
東京支店…… (231)1421
横浜営業所…… (44)8841
東南アジアコース12日間………… 268,000円
ヨーロッパAコース16日間………… 675,000円
ヨーロッパBコース20日間………… 738,000円
ハワイコース9日間………… 378,000円
☆新路線アナウンス
2月1日より
東京―沖縄―台北線開設

ジャルパック(日本航空)　昭和40年1月17日(朝日)　ジャルパック初の広告

香港への観光旅行は速くて快適な
B·O·A·Cのロールスロイス ROLLS ROYCE ジェット機で
海外旅行プランのご相談には便利なBOACの旅行代理店
定評あるBOACの日本人スチュワーデスのゆきとどいた機内サービス
速くて、快適なBOACのロールスロイスジェット旅客機
香港は世界で一番楽しいショッピングパラダイスと云われています。にぎやかな店並みのどこにも、あなたの欲しいものが何でも揃っています。ヒスイ、時計、陶器、象牙細工 等のお土産品…また洋服のお仕立ても安くてしかも一流です。海水浴と夜の散歩、アバディーンの水上レストランで本場の中華料理など楽しさが一杯です。美しいタイガーバームガーデンもぜひご覧ください。香港へはBOACのロールスロイスジェット機がご便利です。世界に定評ある日本人と英国人スチュワーデスのゆきとどいた機内サービスできっと空の旅を充分にご満喫いただけるでしょう。海外旅行プランは親切なBOAC指定の航空旅行代理店で今すぐお気軽にご相談ください。
空の旅は世界中どこでも
ゆきとどいたサービスの
B·O·A·C
英国海外航空会社

英国海外航空　昭和39年5月12日(朝日)

【全面広告】　朝日新聞（夕刊）　昭和39年4月24日　金曜日　（4）

はじまった　リア・ジェット時代

話題のボーイング727 切符の発売は明日から

東京―札幌60分！
就航開始は5月25日

ぜひ1番機に…とご希望の方　お早めに電話でお申し込みください　いよいよ　新しい空の時代のはじまりです　では〈リア・ジェット〉が　どんなにすばらしい飛行機か　ご説明しておきましょう

●まずスタイルからです

写真をよくごらんください　シッポについた3ツのジェット・エンジン　ダイナミックなT字型尾翼…これがリア・ジェットの最大の特徴です　名前は〈ボーイング727〉　航空界待望の中近距離用ジェットとして世界で最もすぐれたもの　国内線には理想的な新鋭機です　全日空での就航はアメリカについで世界2番目　このボーイング727によって　日本の空に新しいリア・ジェット時代がはじまるのです

●では　キャビンへご案内いたしましょう

全くデラックスのいち語につきます　いわば129人のお客さまをいち度にもてなす豪華サロン　もちろん国内線最大です　上着をお脱ぎになってユックリ手足を伸ばしてください　エア・コンも完ぺき　1万メートル上空でも地上とほとんど同じ　温度もつねに20℃前後　いちばん快適な状態です　なにしろ部品を含めると1機20億円という超デラックス機　そのすばらしさを文字であらわすのはチョット無理です

●飛行機が離陸してから…10分…高度1万mの紺碧の空です

ほんのわずかの間　座席のベルトをおしめください　急角度で上昇します　1分間約1000m　すばらしい上昇性能です　短い滑走路でラクに離着陸できるリア・ジェットの大きな特長も　ここからうまれたのです

●お話し合いは　なるべく小さな声で…機内は全く静かです

最大巡航速度はマッハ0.9　ほぼ音速です　ただしあなたはこのスピードをほとんどお感じにならないでしょう　音もない　振動もない　機内が全く静かだからです…これもリア・ジェットの特長…機外の静かさも世界一です

●うまれかわる日本の空　新しい計画はまだまだあります

そのひとつが　ジェット・プロップ機〈フレンドシップ〉の増強です　今年中に7機　合計23機　そして　東京と全国主要都市をノン・ストップで結ぶビームラインを拡充　新設路線計画も着々と進められています　さらに7月からは　コンピューター（電子座席予約装置）が活躍　どの営業所からでも全国各路線の予約が　たった5秒でできるという画期的なサービスがはじまります

新設路線計画　東京―名古屋―福岡　東京―北九州　東京―熊本―大村（長崎）　東京―山形　鹿児島―奄美大島―沖縄など

世界最新鋭のジェット
ボーイング727

ALL NIPPON AIRWAYS CO., LTD.

日本の空をもれなくネットする
全日空
お問合せは各航空代理店・営業所へ
東京営業所：旅客(572)6171・貨物(572)1531
ヘリコプター部(572)1381

全日空　昭和39年4月24日（朝日）

ジェット機が採用された当初の全面広告。機種はボーイング727。
727は橋幸夫、吉永小百合のデュエット曲「そこは青い空だった」の歌詞にも登場

船橋ヘルスセンター

昭和における巨大レジャーセンターの草分け的存在――それが、昭和三十（一九五五）年に開業した船橋ヘルスセンターだ。コマーシャルソングの女王と呼ばれる楠トシエが「長生きしたけりゃチョトおいで〜♪」と歌うCMをご記憶の方も、けっこういるんじゃないかと思う。

三六万平方メートルという広大な敷地内には、入浴施設以外にもホテル、大劇場、八ヵ所の大広間、高級レストランを併設。大遊園地、大滝すべり、

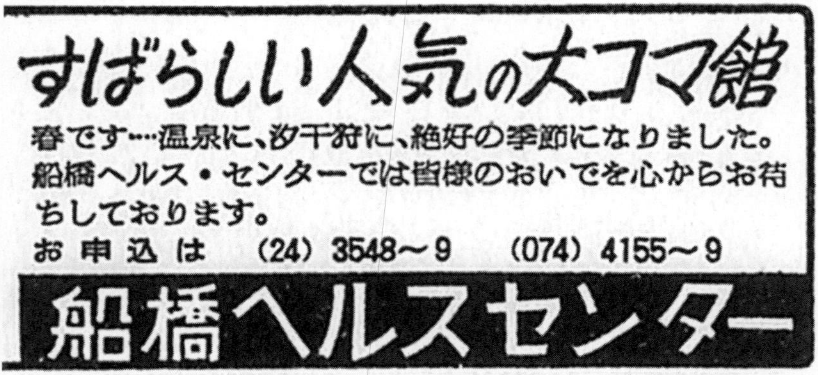
すばらしい人気の大コマ館
春です…温泉に、汐干狩に、絶好の季節になりました。船橋ヘルス・センターでは皆様のおいでを心からお待ちしております。
お申込は　(24) 3548〜9　(074) 4155〜9
船橋ヘルスセンター

西洋大庭園、アイス・ローラーの両スケート場、ボウリング場（なんと五十二レーンも！）、運動場、人工ビーチ、海賊船、つり堀、ゴルフ場、キャンプ村といったレクリエーション施設も充実していた。

最盛期には年間入場者数四百五十万人という記録を誇った船橋ヘルスセンターだが、昭和五十二年、二十余年の歴史に幕を下ろす。

その後、跡地に完成したのが、巨大ショッピングセンター「ららぽーと」である。

船橋ヘルスセンター　昭和33年3月20日（朝日）

あとがき

戦後の、とりわけ昭和三十年代の新聞広告に、ぼくは温かみを感じます。当時の広告は、広告代理店が手がけるものもあれば、自社の宣伝部で作っているものもあったはずですが、いずれにしてもパソコンなんて便利な道具はなく、一つひとつ手作りしていたはず。だから、字体もイラストも、そしてコピーにも、温もりのある、カワイイものが多いんだと思います。

このころの広告を見ていると、社会がどんどん豊かになっていくのがわかります。家電の種類が爆発的に多様になっていく様子からも、それは明らかです。ただ、当時の物価を考えると値段はどれも高めで、先進国と呼ばれるようになる前の日本人が、便利で快適な暮らしに憧れ、それを実現するためにがんばって働いていた姿が透けて見えます。

ちなみに、昭和三十年代の広告には、いまのように俳優や芸能人が出てくるものは少ないんです。映画全盛のこの時期、銀幕のスターには「かわら版」になんて出ないっていうプライドがあったのでしょう。これも昭和という時代の一面ですね。

昭和三十九年の東京オリンピックあたりを境に、広告の晴れ舞台は新聞からテレビに移行します。その後、新聞広告は、昭和が終わりに近づくのと足並みをそろえるように、その輝きを失っていった……そんな気もします。

この本は、構想からこうして本になるまでに七年という歳月を要したのですが（わけを話せば長くなるんです……）、その結果、図らずも戦後七十年という、時代の節目に世へ送り出すことができました。この機会に、日本という国が歩んだこれまでの道のりを、新聞広告という切り口から振り返ってみるのも楽しく、また、大いに意味があるのではないでしょうか。

平成二十七年九月吉日

町田 忍

（この本は、書き下ろし作品です）

【著者プロフィール】

町田 忍（まちだ・しのぶ）

1950年東京都目黒区生まれ。庶民文化研究家にして、銭湯研究の第一人者。30年以上かけてめぐった銭湯は約3400ヵ所にものぼる。エッセイスト、テレビ・ラジオのコメンテーター、写真家といった顔も持つ。和光大学人文学部芸術学科卒業後、警視庁麹町警察署勤務などを経て、少年時代より収集し続けている普段見落とされがちな商品や各種パッケージなどの風俗意匠を研究するために「庶民文化研究所」を設立。『東京マニアック博物館　おもしろ珍ミュージアム案内』（メイツ出版）、『最後の銭湯絵師』（草隆社）、『東京ディープぶら散歩』（アスペクト文庫）など、著作多数。庶民文化研究所所長。社団法人日本銭湯文化協会理事。浅草庶民文化資料館・三十坪の秘密基地名誉館長。台場一丁目商店街（デックス東京ビーチ）特別顧問。

戦後新聞広告図鑑　戦後が見える、昭和が見える

2015年11月11日　第1刷発行

著　者 ―――――― 町田　忍
発行者 ―――――― 原田邦彦
発行所 ―――――― 東海教育研究所
〒160-0023 東京都新宿区西新宿 7-4-3 升本ビル
電話 03-3227-3700　FAX 03-3227-3701
発売所 ―――――― 東海大学出版部
〒257-0003 神奈川県秦野市南矢名 3-10-35 東海大学同窓会館内
電話 0463-79-3921
組　版 ―――――― 鹿嶋貴彦
印刷所 ―――――― 株式会社シナノパブリッシングプレス

月刊『望星』ホームページ ―― http://www.tokaiedu.co.jp/bosei/

ISBN978-4-486-03793-4 C0036

大東京 ぐるぐる自転車

自転車は楽しい、東京も楽しい

伊藤 礼 著　四六判・並製　296ページ　定価 1,600円
ISBN978-4-486-03719-4

風にも負けず、日照りにも負けず、伊藤礼翁の自転車は出撃する。世相、民情、歴史に深い感懐を抱きながらの大東京巡察紀行。極上のユーモア、ほのかな悲哀、自転車が奏でる東京ラプソディ。

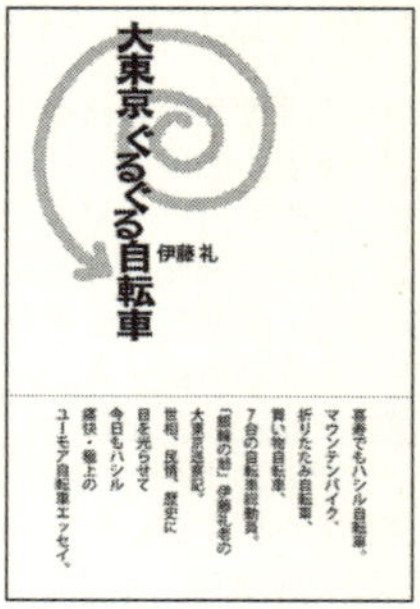
大東京ぐるぐる自転車
伊藤 礼
マウンテンバイク、
折りたたみ自転車、
買い物自転車、
7台の自転車総動員。
今日もハシル
ユーモア自転車エッセイ。

耕せど耕せど　久我山農場物語

伊藤 礼
耕せど耕せど
久我山農場物語
ニッポン初の
“家庭菜園ブンガク”
ここに誕生!!
伊藤礼翁は、自転車から
小型耕耘機に
乗り換えていた……。

ニッポン初の“家庭菜園ブンガク”ここに誕生!!

伊藤 礼 著　四六判・並製　272ページ　定価 1,400円
ISBN978-4-486-03749-1

伊藤礼翁は、自転車からエンジンカルチベーター（小型耕耘機）に乗り換えていた……。「伊藤式農法」確立と、日本一の慈姑をめざしての試行錯誤。耕せど、耕せど……野菜づくりの醍醐味やいかに。

おじいちゃんの絵ツィート

85歳の人生シーン「昭和が見える」108話

長尾みのる 著　四六判・並製　248ページ　定価 1,500円
ISBN978-4-486-03784-2

日本で「イラスト」の新語を世に広めた「元祖・イラストレーター」は、いまも現役！　85歳の著者がつぶやく絵入りの「昭和」と、波乱万丈の人生シーン。昭和の文化を彩った人も事件も次々登場！

85歳の人生シーン「昭和が見える」108話
おじいちゃんの絵ツィート
長尾みのる
日本の「元祖イラストレーター」が、
流れ流され、つぶやき、描いた
人生あれこれ108話

ぼくは都会のロビンソン

久島 弘
ぼくは都会のロビンソン
ある「ビンボー主義者」の生活術
「工夫《くふう》の生活」は楽しい!
六畳間のローテク全開サバイバル術
この「手づくりの暮らし」の思想を、
いまこそヒントに!

ある「ビンボー主義者」の生活術

久島 弘 著　四六判・並製　240ページ　定価 1,500円
ISBN978-4-486-03714-9

お金がなくとも、知恵と工夫で楽しく生きる！　安アパートの六畳間を「都市の孤島」になぞらえて、30年間「手づくり暮らし」を続けた筆者の生活術と哲学を、イラスト入りで大公開。

第29回 雑学出版賞受賞！

※価格は税抜